JACK THE RIPPER

DIE WHITECHAPEL-MORDE 1888

EINE CHRONOLOGIE

Mit 118 Abbildungen

PHILIPP RÖTTGERS DOROTHEE SCHRÖDER

LONDON BEYOND TIME AND PLACE

Impressum

ISBN 9783757923297

Cover/Layout/Bildbearbeitung: Katharina Röttgers

Zeitgenössische Abbildungen: Wikimedia Commons

Aktuelle Fotografien: Philipp Röttgers und Dorothee Schröder

Schriftart: NimbusRomNo9L / Schriftart Umschlag: Postamt

Karte: © OpenStreetMap contributors (ODbL; https://www.openstreetmap.org/copyright (Zahlen hinzugefügt von Philipp Röttgers und Dorothee Schröder)

LONDON BEYOND TIME AND PLACE

Reinickendorfer Str. 13

58642 Iserlohn

www.london-beyond-time-and-place.com

Herstellung und Druck über tolino media GmbH & Co. KG,
Albrechtstr. 14, 80636 München. Printed in Germany.
Fragen zu Produktsicherheit an: gpsr@tolino.media.

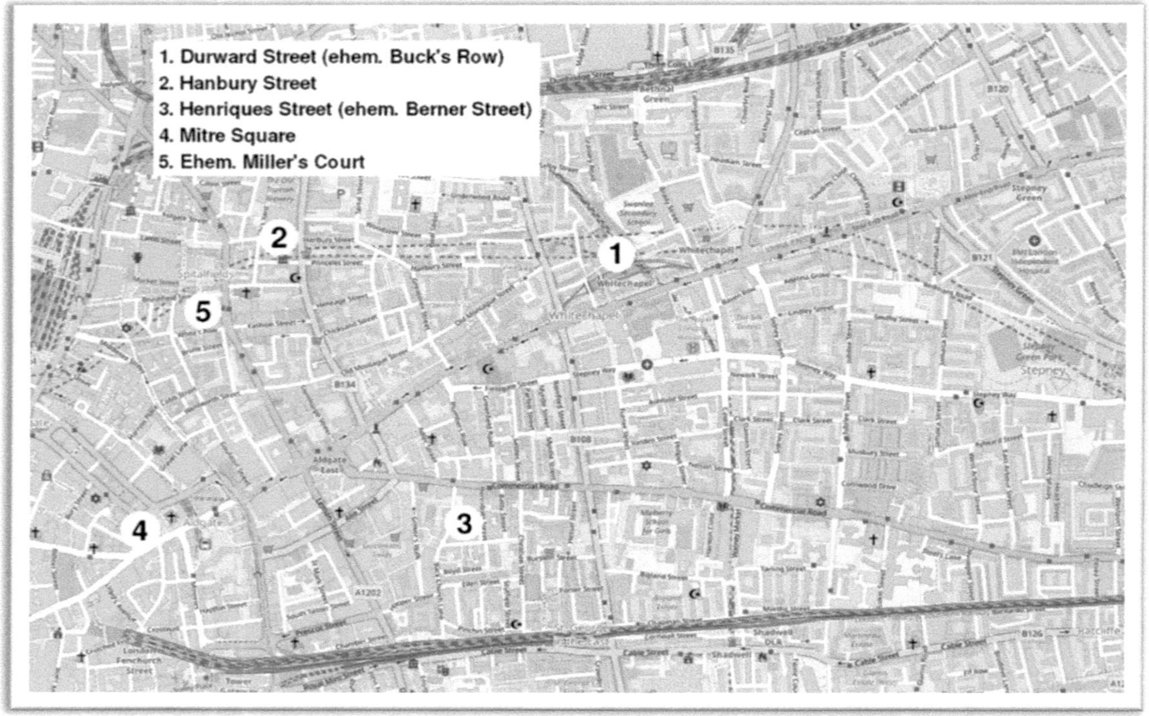
1. Durward Street (ehem. Buck's Row)
2. Hanbury Street
3. Henriques Street (ehem. Berner Street)
4. Mitre Square
5. Ehem. Miller's Court
1
2
5
4
3

Vorwort

„Um die Worte des Magistrats zu benutzen, ist es eine Schande für die Zivilisation, dass es erlaubt ist, dass diese Treffpunkte für Kriminelle, Zufluchtsorte für Taschendiebe und Brutstätten der Prostitution inmitten dessen blühen, was wir großspurig die Hauptstadt der zivilisierten Welt nennen."[1]

East London Advertiser, Samstag, 6. Oktober 1888

Das Londoner East End, schon immer eine Gegend, die sich vom „gehobenen" West End in jeder nur erdenklichen Weise unterschied, war 1888 zu einem Schmelztiegel verschiedener Nationen und Kulturen geworden. Die Lebensbedingungen waren hart, und im Westen der Hauptstadt befürchtete man, dass dieses Pulverfass über kurz oder lang explodieren würde. Es gibt kaum eine Gegend, über die sich so viele und so traurige Geschichten erzählen lassen. Jede einzelne Person, die dort um das tägliche Überleben kämpfte, konnte Dinge berichten, die nur schwer vorstellbar, geschweige denn zu ertragen waren.

Der Sommer ging langsam in den Herbst über, dem unweigerlich ein langer, kalter und dunkler Winter folgen würde, der das Leben eher noch schwerer machte. Doch noch machte man sich darüber keine Gedanken. Es galt jeden einzelnen Tag zu bewältigen. Niemand ahnte, dass der „Herbst des Schreckens“ unmittelbar bevorstand, der mit einer Mordserie von unvorstellbarer Brutalität in die Geschichte eingehen und den unbekannten Täter mit dem Namen „Jack the Ripper“ unsterblich machen sollte.

Von Beginn an rankten sich viele Geschichten um die Ereignisse im Herbst des Schreckens 1888. Der reale Whitechapel-Mörder wurde zum Mysterium „Jack the Ripper“, Wahrheit und Dichtung verschmolzen und boten viel Raum für Spekulationen. Bis heute führt dies zu unterschiedlichen Betrachtungen und Interpretationen der Ereignisse. Dieses Buch konzentriert sich auf die Fakten, präsentiert eine Chronologie der Geschehnisse und stellt die Lebensumstände dar, unter denen eine derartige Mordserie möglich war.

Fortuné Méaulle: „Jack L'Eventreur"

London 1888

Im Jahr 1888 war das „British Empire“ auf dem Höhepunkt seiner Macht. In dieser Epoche, dem späten viktorianischen Zeitalter, war der Einfluss Großbritanniens in der Welt allgegenwärtig, sei es wirtschaftlich, politisch oder kulturell. Königin Victoria, nach der diese Epoche benannt wurde, hatte im Sommer 1887 ihr „Golden Jubilee“, ihr 50-jähriges Thronjubiläum gefeiert. Die Briten waren ihrer Königin gegenüber loyal und stolz auf ihr Weltreich. Die Hauptstadt des British Empire – und somit auf gewisse Weise Hauptstadt der Welt – war London. Dort lebten die Mittel- und Oberschicht in Wohlstand. Im Herzen der Hauptstadt befand und befindet sich noch immer die City of London, damals das Finanzzentrum des Empires und Inbegriff für Reichtum und Macht. Aber es gab auch Stadtteile, in denen Not und Elend herrschten. Dies zeigte sich besonders im Londoner East End, das direkt östlich an die City of London angrenzt und seinen Namen zu Beginn der 1880er Jahre erhielt. Zum East End gehören die Stadtteile Whitechapel, Spitalfields, Bethnal Green, Shadwell, Wapping, Ratcliffe und die Docks, die ehemaligen Hafengebiete. Diese Gegenden, jenseits des Tower of London, wurden von der Sozialistin und Schriftstellerin Margaret Harkness als „Darkest London“ bezeichnet.

Der Journalist und Schriftsteller George Sims fasste 1889 in seinem Buch *How the Poor Live and Horrible London* die Situation folgendermaßen zusammen:

„Dem zunehmenden Reichtum und der zunehmenden Zivilisation verdanken wir die große Kluft, die heute die wohlhabenden Bürger von den Massen trennt. Es ist der zunehmende Reichtum dieser mächtigen Stadt, der die Armen Zentimeter für Zentimeter zurückgedrängt hat, bis wir sie heute zusammengetrieben vorfinden, zusammengepfercht wie Heringe in einem Fass, vernachlässigt und verachtet, und zurückgelassen, um Ungerechtigkeiten und Nöte zu ertragen, die, wenn sie mit einem weit entfernten wilden Stamm verwandt wären, Exeter Hall zum Erbeben bringen würden, bis ihre Ziegelsteine einstürzen. Es ist die zunehmende Zivilisation dieses wunderbaren Zeitalters, die das Leben zu einem Sieg nur für die Starken, die Begabten und die besonders Gesegneten gemacht und die Schwachen, die Armen und die Unwissenden zurückgelassen hat, damit sie die Theorie vom Überleben des Stärkeren bis zu ihrem bitteren Ende an ihren eigenen Personen ausleben können."[2]

Der amerikanische Schriftsteller Jack London ging noch weiter. Er beschrieb das East End 1903 als „the abyss" (dt. „der Abgrund"). Die Bevölkerung bestand zum großen Teil aus Wirtschaftsflüchtlingen aus dem eigenen Land, besonders aus dem Osten Großbritanniens (so war Essex beispielsweise durch den Rückgang der Tuchindustrie und der Landwirtschaft eine der ärmsten Grafschaften Englands geworden) sowie aus irischen Einwanderern infolge der Hungersnöte ab Mitte der 1840er Jahre. Für viele irische Einwanderer war East London nicht das Ziel ihrer Wahl, jedoch waren ihre Versuche, nach Amerika zu gelangen, gescheitert. Viele der Einwanderer fanden Arbeit in den Docks und siedelten sich am Ufer der Themse an.

Ab 1881 waren Juden die weitaus größte eingewanderte Bevölkerungsgruppe im East End. Sie waren vor Verfolgung oder wirtschaftlicher Not aus Russland, Polen und Deutschland geflüchtet. 1888 war die Anzahl der jüdischen Einwohner von Whitechapel auf 45000 bis 50000 angewachsen.[3] Es gab auch Schätzungen, dass im Osten Londons mindestens 60000 Juden lebten, von denen die Hälfte nicht in Großbritannien geboren war.[4] Der Philanthrop und Sozialforscher Charles Booth nannte das East End, vor allem Whitechapel, *„das große Zentrum der ausländischen Londoner Bevölkerung.“*[5]

Die Whitechapel High Street im Jahr 1905

Zunächst wurden die jüdischen Einwanderer mit einem gewissen Maß an Sympathie aufgenommen. Es wurde deutlich, dass die jüdische Bevölkerung einen positiven Einfluss auf ihre Nachbarschaft hatte. Sozialreformer und die Polizei stellten fest, dass durch den Zuzug von Juden der Lebensstandard in bestimmten Vierteln erhöht wurde und gewalttätiges Verhalten zurückging.

Doch das East End war aufgrund der unkontrollierten Immigration überbevölkert und es gab weniger Arbeit als Arbeitskräfte. Erwachsene wie Kinder, die verzweifelt nach Arbeit suchten, wurden skrupellos ausgebeutet. Sie arbeiteten oft sechzehn Stunden am Tag, sechs Tage die Woche, an unerträglichen Einsatzorten für einen Penny pro Stunde, um sich Nahrung und Unterkunft leisten zu können. Die Juden in Whitechapel und Spitalfields wurden oft für die Situation verantwortlich gemacht. Es hieß, sie arbeiteten zu niedrigeren Löhnen, nähmen den Engländern die Arbeit weg und trieben die Mittelschicht aus ihren Wohnungen. Daher änderte sich die öffentliche Einstellung ihnen gegenüber.

„Homeless“ aus „The Illustrated London News“ vom 13. Oktober 1888

Die Menschen im East End lebten am Existenzminimum. Es gab nicht genügend bezahlbaren Wohnraum. 1875 verabschiedete das Parlament „The Artisans and Labourers Dwelling Act." Dieser erlaubte den Erwerb großer Gebiete mit sogenannten unbrauchbaren Immobilien und deren Abriss. Dies sollte allerdings nicht aus der öffentlichen Hand, sondern durch private Investoren finanziert werden. 80% der Armen im East End lebten in „unbrauchbaren Immobilien." Die East End-Bezirke Whitechapel und Spitalfields grenzten an wohlhabendere Teile Londons, deshalb sollten hier zuerst Gebäude abgerissen und erneuert werden. Da die privaten Investoren mit einer hohen Rendite kalkulierten, waren die Mieten für die arme East End-Bevölkerung unbezahlbar, sodass sie gezwungen war, in die übriggebliebenen Slumhäuser zu ziehen. Dort lebten die Einwohner in großen Gruppen in völlig überfüllten Räumen unter entsetzlichen Bedingungen. Reverend Andrew Mearns beschrieb dies 1883 in seiner Publikation *The Bitter Cry Of Outcast London: An Inquiry into the Condition of the Abject Poor:*

„Um hineinzugelangen, muss man Höfe betreten, die nach giftigen und übelriechenden Gasen stinken, die aus Abwässern und Abfällen aufsteigen, die sich in alle Richtungen verteilen und oft unter deinen Füßen fließen; [...] Wände und Decken sind schwarz von dem durch jahrelange Vernachlässigung abgelagerten Dreck. Er dringt durch Risse in den Brettern über der Decke, er verteilt sich die Wände hinab. Er ist überall. [...] Jedes Zimmer in diesen verrotteten und stinkenden Miets-

häusern beherbergt eine Familie, oft zwei. Ein Sanitätsinspektor berichtet, dass er in einem Keller Vater, Mutter, drei Kinder und vier Schweine vorgefunden hat! In einem anderen Raum fand ein Missionar einen an Pocken erkrankten Mann, seine Frau erholte sich gerade von ihrer achten Entbindung, und die Kinder liefen halbnackt und schmutzbedeckt herum. Hier leben sieben Menschen in einer unterirdischen Küche, und ein kleines totes Kind liegt im selben Raum. Anderswo findet man eine arme Witwe mit ihren drei Kindern und einem Kind, das seit dreizehn Tagen tot ist. […] Wo es Betten geben sollte, liegen Haufen schmutziger Lumpen, Späne oder Stroh, aber zum größten Teil schlafen diese erbärmlichen Wesen nur auf den schmutzigen Fußbodenbrettern."[6]

Charles Booth führte eine Untersuchung über die Armutsverhältnisse in ganz London durch und erstellte eine sogenannte Armutskarte, auf der jede Straße farblich dargestellt wurde. Jede Farbe stand für gewisse wirtschaftliche Bedingungen. An den Hauptstraßen des East Ends fand sich demnach eine gesunde Mittel- und obere Arbeiterklasse. Jenseits davon lebte ca. ein Drittel der Bevölkerung unter der Armutsgrenze von 21 Schilling pro Woche. Etwa 60000 Männer, Frauen und Kinder im East End kämpften täglich gegen Hunger und Elend, was sich beispielsweise darin zeigte, dass eines von vier Kindern starb, bevor es das fünfte Lebensjahr erreicht hatte.[7] Die schlimmsten Lebensbedingungen herrschten rund um die Commercial Street in einer Gegend, die als „The wicked quarter mile“ bekannt war. In diesem Bereich befanden sich viele „common lodging houses“, Gemeinschaftsunterkünfte für die Armen, die sich keine eigene Wohnung mehr leisten konnten. Auf der Leiter des sozialen Abstiegs folgten danach unweigerlich das Arbeitshaus oder das Leben auf der Straße.

„Outcasts Sleeping In Sheds In Whitechapel” aus „The Illustrated London News” vom 13. Oktober 1888

Im Jahr 1888 gab es laut Bericht der Metropolitan Police in ganz London 995 registrierte Common Lodging Houses, die Platz für 32172 Menschen boten. Innerhalb eines Jahren waren 36 Häuser dazugekommen. In dem Bericht wurden ebenfalls

228 nicht registrierte Unterkünfte aufgeführt. 63 Menschen waren in den Common Lodging Houses an Krankheit, meist verursacht durch Kälte, mangelnde Ernährung oder Alkoholismus gestorben. Es gab 24 Fälle, in denen die Krankheiten ansteckend gewesen waren, unter anderem Scharlach, Typhus und „Hautjucken".[8] Wer sich keinen Schlafplatz in einem Common Lodging House leisten konnte, lief die ganze Nacht durch die Straßen oder versuchte, in dunklen Ecken, Durchgängen oder offenen Treppenhäusern von Mietshäusern zu schlafen. Viele Haustüren blieben die ganze Nacht offen.

Der Polizist Walter Dew war als junger Beamter seit 1887 auf der Commercial Street Police Station in Spitalfields stationiert und schrieb später, dass die Gegend schon vor den Whitechapel-Morden *„einen Ruf von Laster und Schurkerei hatte, wie sonst keine andere auf den Britischen Inseln."*[9]

Vor allem die Common Lodging Houses in der Flower and Dean Street und mehreren benachbarten Straßen, die als „the blackest of the black streets" bekannt waren, hatten einen mehr als zweifelhaften Ruf. Die Betreiber stellten so viele Betten wie möglich in ihre Räumlichkeiten, um den größtmöglichen Gewinn zu machen. Es gab getrennte Schlafsäle für Männer und Frauen, aber auch Zimmer für Ehepaare. Die Betten waren in der Regel dreckig und von Ungeziefer befallen. Doppelbetten kosteten acht Pence pro Nacht, Einzelbetten drei oder vier Pence. Wer sich das nicht leisten konnte, hatte die

Möglichkeit, für zwei Pence zwischen Hunderten von Männern, Frauen und Kindern im Stehen zu schlafen, aufgereiht hinter einem Seil, das von einer Seite des Raumes zur anderen gespannt war. In den Gemeinschaftsküchen kamen die Bewohner zusammen und bereiteten Essen aus Lebensmitteln zu, die sie gekauft, erbettelt, gestohlen oder geplündert hatten. Die meisten Common Lodging Houses befanden sich im Besitz von Unternehmern und Investoren aus der Mittelschicht, die in der Regel außerhalb des Gebiets wohnten und den täglichen Betrieb dem „Aufseher" oder „Wärter" überließen, der nicht selten einen kriminellen Hintergrund hatte und am Rande der Legalität operierte. Seit 1851 mussten die Unterkünfte bei der Polizei gemeldet werden und konnten jederzeit inspiziert werden. Dies geschah jedoch in den seltensten Fällen und so wurden sie ein Anziehungspunkt für Bedürftige und Kriminelle. Viele Aufseher in den Common Lodging Houses missachteten eklatant die Vorschrift, die besagte, dass Männer und Frauen, sofern sie nicht verheiratet waren, getrennt schlafen mussten. Daher wurden die Doppelbetten oft von Prostituierten und ihren Kunden genutzt. Die Common Lodging Houses wurden deshalb auch als Bordelle betrachtet und galten als Brutstätte der Prostitution.

Für die Frauen im East End war es sehr schwierig, genug Geld zum Leben zu verdienen. Die vorhandenen Arbeitsmöglichkeiten bedeuteten lange Arbeitszeiten unter schrecklichen Bedingungen für ein Almosen, das sich oft auf 5 Pence oder wenig mehr am Tag belief. Daher bot sich für viele Mädchen und Frauen nur die Prostitution als Geldquelle und als Ausweg aus der Plackerei an. Während einige sich in Bordellen verdingten, gab es für viele nur die Straßenprostitution. In Zeiten extremer wirtschaftlicher Not, in denen es für Männer fast unmöglich war, Arbeit zu finden, hing das Überleben vieler Familien im East End davon ab, dass eine Mutter oder Tochter sich auf der Straße prostituierte. Sie erlebten eine unvorstellbare Entmenschlichung und Erniedrigung. Die meisten Kinder hatten alle Unschuld verloren, wenn sie das Teenageralter erreichten. Die Polizei schätzte die Zahl der Bordelle rund um die Commercial Street auf 62: *„Wir haben keine Möglichkeit festzustellen, welche Frauen Prostituierte sind und welche nicht, aber wir haben den Eindruck, dass es etwa 1200 Prostituierte gibt.“*[10]

Ein Stereotyp bildete sich heraus: Eine Prostituierte auf Londons Straßen – besonders auf den Straßen des East Ends – war in ihren 40ern, von schlechter Gesundheit und hatte in der Regel einen sozialen Abstieg hinter sich. Ihre Kunden kamen aus allen Gesellschaftsschichten. Es gehörten Seeleute aus aller Welt dazu, deren Schiffe in den nahe gelegenen Docks ankerten, reisende Marktleute sowie Söhne der Mittel- und Oberschicht, die sich ebenfalls von der Verlockung des billigen Sex in den East End-Straßen angezogen fühlten. Auch

Armut im East End (ca. 1890)

die Opfer des Whitechapel-Mörders gehörten zu den Prostituierten, die ihre Dienste auf den Straßen Londons für einen Hungerlohn anboten und als „Unfortunates“, als „Gefallene“, bekannt waren. Viele hatten einen ähnlichen Lebenslauf geprägt von gewalttätigen Partnern, Armut und Alkoholismus.

1864 wurde der „Contagious Diseases Act“ erlassen, der es der Polizei erlaubte, Prostituierte festzunehmen. Hintergrund war, sie auf Geschlechtskrankheiten zu untersuchen, um deren Verbreitung, vor allem unter Mitgliedern des Militärs, einzudämmen. Mehrere Kampagnen, u.a. angeführt von der Feministin Josephine Butler, richteten sich gegen den Erlass. Dabei wurde vor allem die ungerechte, generelle Kriminalisierung der Frauen und nicht der Männer, die deren Dienste in Anspruch nahmen, kritisiert. So wurde der Erlass 1886 gekippt. Danach blieb der Umgang mit Prostituierten ein Streitthema. Während einerseits gefordert wurde, die „Gefallenen“, die nicht dem viktorianischen Lebensbild entsprachen, von den Straßen zu holen und sie einzusperren, wurden andere

Stimmen laut, die dafür eintraten, ihnen zu helfen und Nahrung und Unterkünfte zu bieten. Sollte dies umgesetzt werden, sahen die Kritiker darin wiederum die Gefahr, dass die Frauen sich in der Ausübung ihres Geschäfts bestätigt fühlten. Neben den stereotypischen „Gefallenen“ im East End gab es auch Prostituierte der gehobenen Klasse, die in Bordellen im West End arbeiteten.

Eine genaue Statistik über die Anzahl der Prostituierten in London Ende des 19. Jahrhunderts gibt es nicht. Man schätzt, dass die Zahl irgendwo zwischen einem niedrigen vierstelligen Bereich und 80000 lag. Anfang bis Mitte der 1880er Jahre waren zwischen 5000 und 7000 Prostituierte jährlich wegen Erregung öffentlichen Ärgernisses verhaftet worden. 1886 waren 3233, im Jahre 1888 nur noch 2797 Frauen festgenommen worden, von denen 1475 angeklagt wurden. Das war weniger als in den Vorjahren.[11] Grund dafür war ein Vorfall aus dem Jahr 1887, als ein Polizist die 24-jährige Elizabeth Cass verhaftete, als sie – seiner Meinung nach – auf der Regent's Street anschaffen ging. Es stellte sich jedoch heraus, dass Miss Cass eine respektable Schneiderin war, die in der Southampton Row arbeitete und nach Feierabend einen Spaziergang machte. Der verantwortliche Polizist, Bowen Endacott, dessen Aufgabe es war, Prostituierte festzunehmen, musste sich dafür vor dem zentralen Gerichtshof Old Bailey verantworten, wurde aber freigesprochen. Daraufhin ordnete der Commissioner (Polizeipräsident) der Metropolitan Police Sir Charles Warren an, keine Prostituierten festzunehmen, es sei denn, eine dritte Partei hätte sich über sie beschwert.

Im Jahr 1888 hatten die Bordelle im East End gegenüber der Straßenprostitution einen schweren Stand. Dies lag vor allen Dingen an Frederick Charrington, dem Erben einer großen Brauereidynastie, der eine soziale Kampagne gestartet hatte, um das East End von Bordellen zu befreien. Als Grundlage berief er sich auf den „Criminal Law Amendment Act" von 1885. Angestoßen durch einen Bericht der *Pall Mall Gazette* über den Menschenhandel mit jungen Frauen in Bordellen, beinhaltete die Verordnung, dass das Schutzalter von Mädchen von 13 auf 16 Jahre erhöht wurde. Das Resultat von Charringtons Kampagne war jedoch, dass sich die Frauen aufgrund der Bordellschließungen auf den Straßen prostituieren mussten.

Frederick Charrington

Diese Umstände erleichterten es dem Whitechapel-Mörder im Herbst 1888 seine Opfer zu finden. Er konnte sie töten und ungesehen in der Nacht verschwinden, da Straßenprostituierte häufig mit ihren Kunden in dunkle Höfe, Gassen und Durchgänge gingen. Um das Leben auf der Straße auszuhalten, gaben sie ihr durch Prostitution erworbenes Geld in erster Linie für Alkohol anstatt für Nahrung oder Unterkunft aus. Viele Menschen im East End konnten die alltäglichen Probleme nur durch massiven Alkoholkonsum ertragen. Dies führte zu Gewalt, Raubüberfällen und gelegentlich Mord.

Aus all diesen Gründen wurde das East End für die Mittel- und Oberschicht des West Ends ein Synonym für Gesetzlosigkeit und Unmoral. Besonders die Presse nutzte den Begriff „East End“ als Sinnbild für Gewalt, Armut und Prostitution. Es gab aber auch Stimmen von Reportern, die einen genauen Blick auf die sozialen Umstände und ihre Hintergründe geworfen hatten und davor warnten, dass dieser Schmelztiegel eines Tages explodieren und es zu einer Revolution kommen könne. Sie erwarteten Unheil, waren aber nicht auf das gefasst, was der „Herbst des Schreckens“ 1888 bringen sollte, als die „Whitechapel-Morde“ das East End erschütterten.

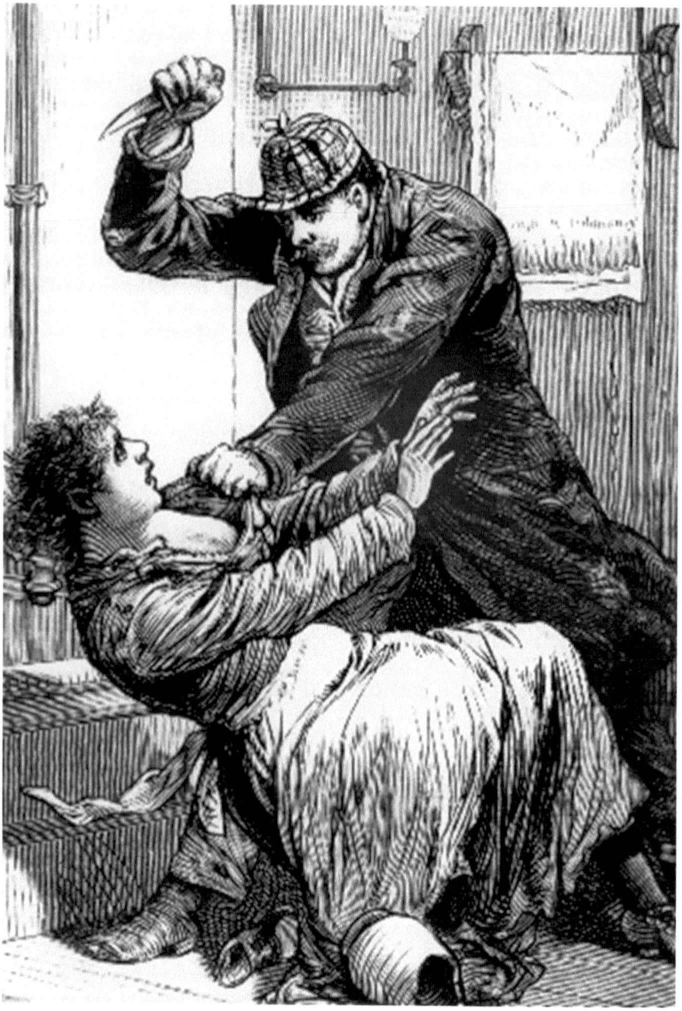

Zeichnung aus der „National Police Gazette" vom 16. Februar 1889

Das Grauen beginnt

Die Akte der Whitechapel-Morde enthält elf Fälle, von denen heute fünf dem Täter zugeordnet werden, der als „Jack the Ripper“ bekannt wurde. Seine Opfer bezeichnet man als „die kanonischen Fünf“. Die Akte wurde im April 1888 angelegt, es gab allerdings bereits vorher Angriffe, die man dem Whitechapel-Mörder zurechnen könnte.

Aus „The Illustrated Police News" vom 28. September 1889

Jeder Serienmörder hat einen sogenannten Modus Operandi, ein Muster, über das ihm Verbrechen zweifelsfrei zugeordnet werden können. Dieser Modus Operandi entwickelt sich über Angriffe und Überfälle bis zum ersten Mord und wird erst im Laufe der Zeit gefestigt. Auch beim Whitechapel-Mörder besteht eine hohe Wahrscheinlichkeit, dass er vor dem ersten „kanonischen Mord“ Frauen angegriffen hat.

Am Samstag, dem 25. Februar 1888 wurde Annie Millwood, eine 38-jährige Witwe aus der White’s Row in

Spitalfields in das Whitechapel Workhouse eingeliefert. Sie hatte Stichwunden an den Beinen und im Unterleib und gab an, dass ein ihr unbekannter Mann ein Klappmesser aus seiner Tasche gezogen und auf sie eingestochen habe. Die Attacke war in örtlicher Nähe zu den späteren Morden begangen worden, der Angriff auf den Unterleib entspricht dem Modus Operandi des Whitechapel-Mörders. Am 21. März wurde Annie Millwood entlassen und ging daraufhin in ein Arbeitshaus auf der Mile End Road. Zehn Tage später brach sie zusammen und starb an einem Riss der linken Pulmonalarterie. Es wurde bescheinigt, dass Annie Millwood eines natürlichen Todes gestorben war, der in keinem Zusammenhang mit der Attacke stand.

Am 28. März 1888 klopfte es kurz nach Mitternacht an der Tür der 39-jährigen Schneiderin Ada Wilson in der Maidman Street 19, Mile End. Als sie öffnete, stand vor ihr ein fremder Mann, der Geld von ihr verlangte, doch Ada Wilson weigerte sich, ihm etwas zu geben. Daraufhin zog der Mann ein Klappmesser und stach ihr zweimal in die Kehle. Alarmiert durch Adas Schreie, eilte die Nachbarin Rose Bierman aus dem oberen Stockwerk hinunter und fand sie zusammengebrochen im Flur. Ada Wilson schrie: *„Halte den Mann davon ab, mir die Kehle durchzuschneiden!“*[12] Der Täter flüchtete jedoch bereits auf die Straße. Obwohl Ada Wilson schwer verletzt war, erholte sie sich vollständig und war in der Lage, der Polizei eine Beschreibung des Täters zu geben. Sie beschrieb ihn als etwa 1,70 m groß, 30 Jahre alt, mit hellem Schnurrbart und sonnenverbranntem Gesicht. Er hatte einen dunklen Mantel, eine helle Hose und einen Hut mit breiter Krempe getragen. Es wird spekuliert, dass Ada Wilson eine Prostituierte war, die von einem ihrer Kunden oder ihrem Zuhälter angegriffen worden war. Aus mehreren Gründen könnte man den Angriff auf Ada Wilson mit dem Whitechapel-Mörder in Verbindung bringen. Der Mann attackierte Ada Wilsons Kehle mit einem Messer, was dem Modus Operandi des Täters entspricht. Auch die Täterbeschreibung ähnelt späteren Aussagen von Zeugen, die möglicherweise den Mörder mit seinen Opfern gesehen haben. Sollte Ada Wilson als Prostituierte gearbeitet haben, wäre dies ein weiteres Indiz, da die späteren Opfer des Whitechapel-Mörders Prostituierte waren. Allerdings sprechen auch Gründe gegen eine Verbindung zu ihm. Der Angriff fand in Mile End statt, östlich der Gegend, in der die anderen Opfer ermordet wurden. Außerdem scheint das Motiv für den Überfall auf Ada Wilson Raub gewesen zu sein.

Die Zeitungen berichteten im Detail über Überfälle wie die oben genannten. Da sie feststellten, dass ihre Auflagen in die Höhe schossen, wenn es um Mord ging, trugen sie im Laufe der Mordserie durch die Art ihrer Berichterstattung dazu bei, die sensationslüsternen Leser zu bedienen und die Fälle überregional publik zu machen.

Emma Elizabeth Smith

Der erste Fall in der Akte der Whitechapel-Morde ereignete sich am 3. April 1888. Das Opfer war Emma Elizabeth Smith, eine 45 Jahre alte Witwe, die 1,57 m groß war und hellbraunes Haar hatte. Seit 18 Monaten hatte sie in einem Common Lodging House in der George Street 18, Spitalfields gewohnt und auf der Straße als Prostituierte ihr Geld verdient. Wenn sie betrunken war, verhielt sie sich oft unkontrolliert und kehrte auch gelegentlich mit einem blauen Auge in die Unterkunft zurück. Einmal behauptete sie, sie sei aus einem Fenster geworfen worden. In Gesprächen hatte sie immer wieder Hinweise darauf gegeben, dass sie vom Land nach London gekommen war, dort einen sozialen Abstieg erlebt und ihre Freunde seit zehn Jahren nicht gesehen hatte. Erzählungen nach hatte sie ihren Ehemann 1877 verlassen, und ihre beiden Kinder, ein Sohn und eine Tochter, lebten in Finsbury Park.

In den frühen Morgenstunden des 3. April 1888 schleppte sich Emma Elizabeth Smith in ihre Unterkunft in der George Street 18. Ihr Gesicht und Kopf bluteten, das rechte Ohr war beinahe abgerissen, sie klagte über Schmerzen im Unterleib. Man brachte sie in das Royal London Hospital in der Whitechapel Road. Trotz ihrer Verletzungen konnte Emma Smith dem behandelnden Arzt Dr George Haslip (in den

Zeitungen auch Dr Hellier genannt) einen detaillierten Bericht geben. Sie erzählte, dass sie an der Kreuzung Wentworth Street/Osborn Street von einer Gruppe Männer angegriffen worden sei. Sie hatten sie ausgeraubt, brutal zusammengeschlagen und ihr mit Gewalt einen stumpfen Gegenstand in die Vagina gestoßen. Sie konnte nicht genau sagen, was es gewesen war, aber später vermutete man, dass es sich um einen Spazierstock gehandelt haben könnte. Emma Elizabeth Smith starb am nächsten Morgen, dem 4. April 1888, um 9 Uhr an einer Bauchfellentzündung. Am 6. April informierte das Büro des Coroners (dt. Ermittlungsrichter) die Polizei darüber, dass der Fall Emma Smith am folgenden Tag behandelt werden sollte. Erst dadurch erfuhr die Polizei von dem Angriff.

Das englische Justizsystem im späten 19. Jahrhundert funktionierte sehr viel schneller als heute. Untersuchungen von verdächtigen oder ungewöhnlichen Todesfällen wurden in der Regel innerhalb weniger Tage abgehalten. Verdächtige konnten entweder dem Coroner oder den Friedensrichtern des jeweiligen Polizeibezirks vorgeführt werden. Beide hatten das Recht, Verdächtige dem Gericht zu übergeben. In Fällen von Mord oder fahrlässiger Tötung wurde vor dem Old Bailey, dem Central Criminal Court (dt. Oberster Gerichtshof) innerhalb von ein bis zwei Monaten geprüft, ob Anklage erhoben werden sollte. Wenn der Anklage durch eine Jury von Geschworenen stattgegeben wurde, kam es zum Prozess.

Die gerichtliche Untersuchung des Todes von Emma Smith fand am 7. April im London Hospital unter der Leitung des Coroners für East Middlesex, Wynne E. Baxter, statt. Baxter sollte im Laufe des Jahres auch die gerichtlichen Untersuchungen in drei weiteren Fällen der Whitechapel-Mordserie leiten.

Während der Anhörung berichtete Mrs Mary Russell, Aufseherin des Common Lodging House in der George Street 18, dass Emma Smith am Abend des 2. April, einem Bank Holiday (Feiertag), dem Easter Monday, die Unterkunft verlassen hatte. Als sie zusammengeschlagen und blutend zurückkehrte, brachte Mary Russell sie ins London Hospital. Emma Smith erzählte ihr von dem Überfall, und dass ihr all ihr Geld gestohlen worden sei. Als sie die Ecke Wentworth Street/Osborn Street passierten, zeigte Emma Smith Mrs Russell die Stelle, an der sie angegriffen worden war. Von den zwei oder drei Angreifern schätzte sie einen nicht älter als 19 Jahre.

Margaret Hayes, eine Mitbewohnerin des Common Lodging House, gab an, dass sie Emma Smith in der Nacht zum 3. April an der Ecke Farrant Street/Burdett Road in Limehouse gesehen hatte. Sie selbst hatte von dort die Flucht ergriffen, nachdem sie von einigen jungen Männern belästigt und ins Gesicht geschlagen worden war. Emma Smith war in Begleitung eines Mannes gewesen, den Margaret Hayes als durchschnittlich groß, mit dunkler Kleidung und einem weißen

Seidenhalstuch beschrieb. Aufgrund der Beschreibung nehmen manche Historiker an, dass es sich um keinen Bewohner des East Ends, sondern um einen Besucher aus dem West End handelte.

Was danach geschah, weiß man nur aus Emma Smiths eigenen Aussagen: Gegen halb zwei passierte sie die Kirche St Mary Matfelon, die weiße Kapelle, durch die Whitechapel den Namen erhalten hatte (und die im zweiten Weltkrieg zerstört wurde). Als Emma Smith einige Männer näherkommen sah, überquerte sie die Whitechapel Road und ging in die Osborn Street. Die Männer folgten ihr und griffen sie neben der Senf- und Schokoladenfabrik Taylor Brothers an der Ecke zur Wentworth Street auf brutale Art und Weise an. Danach flohen sie und ließen Emma Smith schwer verletzt zurück.

Die Kirche St Mary Matfelon. Das Innere war 1880 bei einem Brand zerstört worden.

Da Emma Elizabeth Smith dem behandelnden Arzt mitteilte, dass sie von einer Gruppe von Männern angegriffen worden war, ist eine Verbindung zum Whitechapel-Mörder mit hoher Wahrscheinlichkeit auszuschließen. Bei der Untersuchung erklärte Chief Inspector West von der H Division der Metropolitan Police, dass der Angriff auf Emma Elizabeth

Smith bei der Polizei nicht angezeigt worden sei. Für Coroner Wynne E. Baxter war *„ein brutalerer und heimtückischerer Angriff nicht vorstellbar"* und die Geschworenen schlossen sich seiner Meinung an und entschieden auf *„vorsätzlichen Mord durch eine oder mehrere unbekannte Person(en)."*[13]

Die Metropolitan Police

Mit dem Mord an Emma Elizabeth Smith wurde bei der Metropolitan Police die Akte über die Whitechapel-Morde angelegt. Seit ihrer Gründung 1829 hatte sich die Metropolitan Police, genau wie die Stadt, in der sie Recht und Ordnung aufrechterhielt, vergrößert. Angefangen mit 144 Polizisten in fünf Revieren im Jahr 1829, waren es acht Monate später bereits 3200 Polizisten. Ende des Jahres 1888 gab es 12025 Beamte, verteilt auf 21 Reviere, die für ein Gebiet von 688 Quadratmeilen verantwortlich waren.[14] Uniformen und Ausrüstung veränderten sich ebenso rasant. Die Zylinder aus der Anfangszeit wichen im Jahr 1864 Helmen, und die rasselnden Knarren wurden 1884 durch Trillerpfeifen ersetzt. Es gab Beamte in Uniform und Zivil, sowohl auf den Straßen als auch hinter dem Schreibtisch. Der größere Teil der Beamten wurde in der Nachtschicht zwischen 22 Uhr und 6 Uhr morgens eingesetzt. Ein wichtiger Bestandteil der Polizeiarbeit waren die „Beats" (Patrouillen) entlang festgelegter Routen. Manche Polizisten wurden an festen Plätzen stationiert, die sie nicht verlassen durften, und manche hatten die Aufgabe, speziell die Droschkenstände im Auge zu behalten. Darüber hinaus gab es die Kriminalabteilung, Abteilungen zur Bewachung öffentlicher Gebäude und Personen sowie Abteilungen zur Überwachung krimineller Banden und Terroristen.

Das Hauptquartier der Metropolitan Police, genannt „Scotland Yard", befand sich am Whitehall Place 4. Ihr Commissioner war Sir Charles Warren, ein zuletzt im Sudan stationierter Ex-Militär. Er war der Nachfolger von Edmund Henderson, der im März 1886 seinen Posten hatte räumen müssen. Nach Kundgebungen des London United Workmen's Committee und der Social Democratic Federation auf dem Trafalgar Square am 8. Februar 1886 waren 5000 Arbeitslose und Gelegenheitsarbeiter durch das West End gezogen. Auf dem Weg durch Pall Mall und St James's Richtung Hyde Park hatten sie Scheiben eingeworfen und ihre Wut dann auf die Läden auf der Oxford Street gerichtet. Der Schaden war nicht groß, aber die Metropolitan Police wurde für ihre Unfähigkeit kritisiert, die Gruppen von Arbeitslosen in Schach zu halten. Henderson trat zurück, und von seinem Nachfolger Sir Charles Warren erhoffte man sich, dass er sowohl innerhalb der Polizei als auch in der Hauptstadt wieder für Ordnung und Disziplin sorgte.

Sir Charles Warren

Eine Illustration der Unruhen im West End aus „The Illustrated London News" vom 13. Februar 1886

Da Großbritanniens Wirtschaft noch immer unter den Folgen einer Depression in den 1870er Jahren litt, gab es häufiger öffentliche Proteste, Demonstrationen und Arbeiterstreiks. 1887 waren im Osten Londons sowie in den Stadtteilen Battersea und Deptford 27 von 100 Menschen ohne Arbeit. Obdachlose begannen im August und September 1887 auf dem Trafalgar Square zu kampieren. Darüber hinaus diente der Platz als Versammlungsort für Arbeitslose, irische Unabhängigkeitskämpfer und Sozialisten, die gegen die konservative Regierung des Premierministers Lord Salisbury wetterten. Daher hatte Commissioner Warren von Innenminister Henry Matthews gefordert, ein Versammlungsverbot für den Trafalgar Square zu erlassen. Matthews ließ sich mit damit fast zwei Monate lang Zeit. Bis dahin war Warren gezwungen, jedes Wochenende eine große Anzahl Polizisten auf den Platz zu schicken, um die öffentliche Ordnung aufrechtzuerhalten. Erst Anfang November trat das Verbot in Kraft.

Die linke Presse und viele politische Organisationen erkannten es nicht an, und am Sonntag, dem 13. November 1887, kam es zur Eskalation. Um 14 Uhr 30 fand eine nicht genehmigte Demonstration auf dem Trafalgar Square statt, bei der gefordert wurde, den irischen Politiker und Parlamentarier William O'Brien aus dem Gefängnis zu entlassen. Zu den Protestierenden gesellten sich neben Arbeitslosen, Gelegenheits- und Hafenarbeitern auch Sozialisten wie John Burns und das Parlamentsmitglied Robert Cunninghame-Graham. Die Presse schätzte 10000 bis 30000 Demonstranten vor Ort, die auf etwa 2000 Polizisten trafen. Zudem waren 400 mit Bajonetten und Gewehren bewaffnete Soldaten in Bereitschaft, die aber nicht zum Einsatz kamen. Es gab gewalttätige Auseinandersetzungen, bei denen mehrere Verletzte auf

John Burns

Robert Cunninghame-Graham

beiden Seiten zu beklagen waren. Auf Seiten der Protestierenden gab es etwa 200. Burns und Cunninghame-Graham wurden verhaftet und vor dem Old Bailey wegen gesetzeswidriger Versammlungen zu sechs Wochen harter Arbeit verurteilt. Der 13. November 1887 wurde im Nachhinein als „Bloody Sunday" bezeichnet.

Zeitgenössische Darstellung des „Bloody Sunday" aus „The Illustrated London News"

Die Behörden feierten Sir Charles Warren dafür, die öffentliche Ordnung gegen die Bedrohung durch den Mob und den Sozialismus verteidigt zu haben. Die Radikalen und die linke Presse, die ihn bis zu diesem Zeitpunkt als intellektuellen Progressiven respektiert hatte, suchten von nun an jede Gelegenheit, ihn anzugreifen. Dies setzte sich auch in der Berichterstattung während der Whitechapel-Mordserie fort, in der Warren stetig kritisiert und verspottet wurde.

James Monro

Warrens Stellvertreter war Assistant Commissioner James Monro. Er war verantwortlich für das Criminal Investigation Department (die Kriminalpolizei) und die „Abteilung D", die Geheimabteilung der Metropolitan Police, die Innenminister Henry Matthews direkt unterstellt war. Dies sorgte für Konflikte zwischen Warren auf der einen und Monro und Matthews auf der anderen Seite.

Die Ermittlungen der Whitechapel-Morde vor Ort wurden von zwei Abteilungen der Metropolitan Police durchgeführt, der H Division und der J Division. Die H Division wurde von Superintendent Thomas Arnold geleitet. Der Leiter der CID (Kriminalabteilung) war Inspector Edmund Reid. Aus der J Division waren vor allem die Inspektoren Spratling und Helson an den Untersuchungen beteiligt. Die Akte der Whitechapel Morde war bei der H Division angelegt worden, da der Angriff auf Emma Elizabeth Smith in ihrem Zuständigkeitsbereich stattgefunden hatte.

Edmund Reid

Bereits Anfang August 1888 musste der Akte mit dem Mord an Martha Tabram ein weiterer Fall hinzugefügt werden.

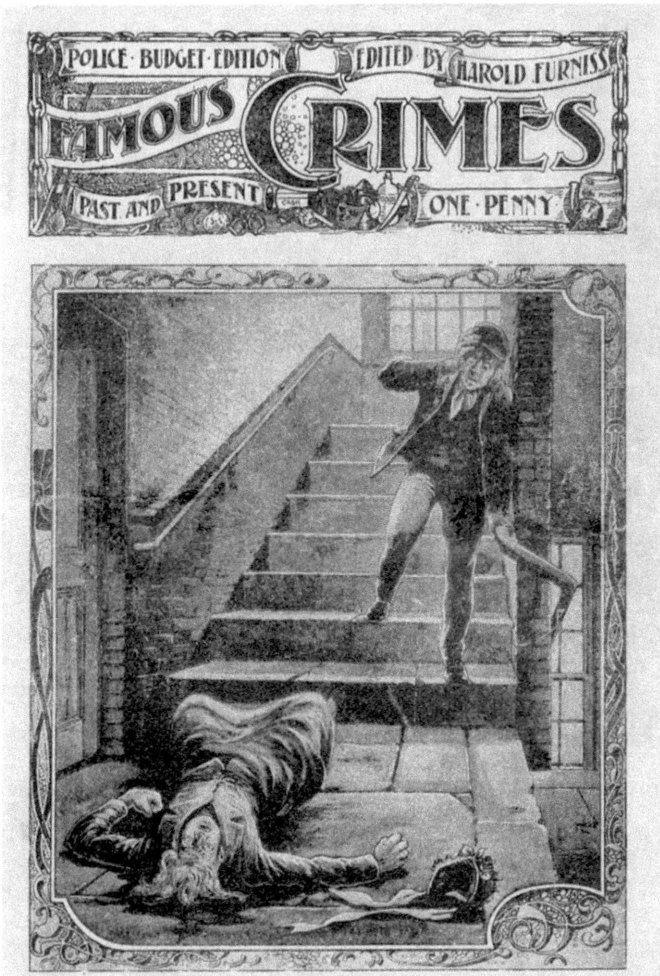

Aus „Famous Crimes, Past and Present" (1903)

Martha Tabram

Martha Tabram war 39 Jahre alt, 1,60 m groß und hatte dunkle Haare. Sie war das jüngste von fünf Kindern des Lageristen Charles Samuel White und seiner Frau Elizabeth. Mit 20 Jahren heiratete sie Henry Samuel Tabram, Vorarbeiter eines Möbelverpackungsunternehmens, und sie lebten in Southwark, unweit ihres Geburtsortes. Sie hatten zwei Kinder, aber die Ehe ging bald in die Brüche, da Martha Tabram angefangen hatte zu trinken. Henry verließ sie und weigerte sich, ihr Unterhalt zu zahlen, woraufhin sie erfolgreich vor Gericht klagte. Erst als Henry Samuel Tabram 1879 erfuhr, dass Martha mit einem anderen Mann, dem Schreiner Henry Turner, zusammenlebte, stellte er die Zahlungen ein. Auch Marthas neue Beziehung litt unter ihrer Trinkerei, und im Mai 1888 trennte sich das Paar. Es hatte gemeinsam in einem Common Lodging House abseits der Commercial Road in Whitechapel gewohnt. Nach der Trennung zog Martha Tabram in ein Common Lodging House in der George Street 19, Spitalfields und ging nachts aus, um durch Prostitution Geld zu verdienen. Tatsächlich lag das Common Lodging House in der George Street 19 neben der Unterkunft, in der Emma Smith zuletzt gewohnt hatte. George Street gehörte, wie der *East London Advertiser* am 18. August 1888 schrieb, zu den *„gefährlichsten Straßen der ganzen Gegend“*[15], einem kleinen Bereich zwischen der Commercial

Street im Westen, der Brick Lane im Osten, der Fashion Street im Norden und der Wentworth Street im Süden. Heute ist von dieser ehemals verrufenen Gegend noch der östliche Teil der Thrawl Street übrig, der am ehemaligen „Frying Pan“ Pub auf die Brick Lane trifft.

Am Montag, dem 6. August 1888 (wieder ein Bank Holiday) war Martha Tabram mit der Prostituierten Mary Ann Connelly, in der Gegend besser bekannt als „Pearly Poll“, unterwegs. Gemeinsam mit zwei Soldaten, einem Corporal und einem Private, zogen sie durch mehrere Kneipen entlang der Whitechapel Road. Zwischen 23 Uhr 30 und 23 Uhr 45 teilten sie sich in Paare auf. „Pearly Poll“ verschwand mit dem Corporal in der (heute noch existierenden) Angel Alley, während Martha den Private durch einen Torbogen in den George Yard (heute Gunthorpe Street) führte, eine Gasse, die als eine der gefährlichsten in der Gegend bekannt war.

Am Ende der Gasse befanden sich auf der linken Seite die George Yard Buildings, ein Block mit billigen Mietwohnungen, der 1875 für die minder Betuchten errichtet worden war. Wenn das Licht im Treppenhaus um 23 Uhr gelöscht wurde, war dies ein beliebter Ort, an den Prostituierte ihre Freier für einen sogenannten „four-penny knee trembler“ führten.

Eingang zu den George Yard Buildings

Gegen 1 Uhr 40 morgens kam das Ehepaar Mahoney von den Feiertagsaktivitäten nach Hause in die George Yard Buildings. Mrs Elizabeth Mahoney verließ das Gebäude wenige Minuten später noch einmal, um in einem Geschäft in der nahe gelegenen Thrawl Street einzukaufen und kehrte zehn Minuten später zurück. Das Ehepaar ging kurz darauf schlafen und verbrachte eine ruhige Nacht.

Um 3 Uhr 30 morgens kehrte der Kutscher Alfred George Crow von der Arbeit heim in die Wohnung Nr. 35. Auf dem Absatz zum ersten Stock sah er im dunklen Treppenhaus jemanden liegen, nahm aber weiter keine Notiz davon, da es nicht unüblich war, dass Menschen dort die Nacht verbrachten.

Gegen 5 Uhr morgens verließ der Dockarbeiter John Saunders Reeves seine Wohnung Nr. 37 um zur Arbeit zu gehen. Auf dem Treppenabsatz zum ersten Stock sah auch er jemanden liegen. Da es inzwischen hell wurde, erkannte er, dass dort eine Frau in einer Blutlache lag. Es handelte sich um Martha Tabram.

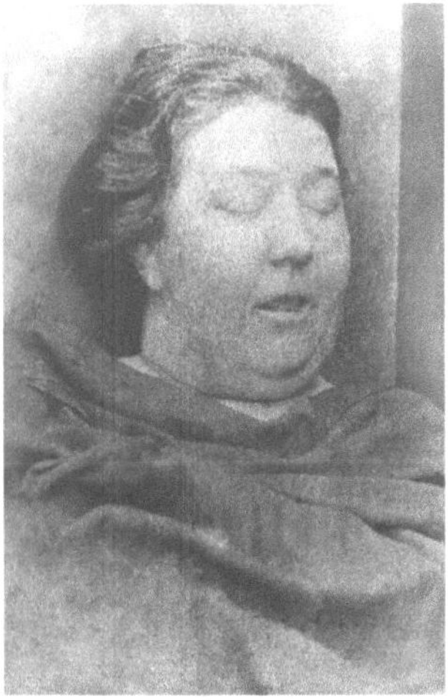

Martha Tabram in der Leichenhalle

Sofort eilte er nach draußen, um einen Polizisten zu finden. In der Nähe des George Yard traf er Constable Thomas Barrett auf seiner Patrouille, der Reeves sofort zum nächstgelegenen Mediziner, Dr Timothy Robert Killeen in der Brick Lane 68 schickte, während er selbst direkt in das Gebäude eilte. Dr Killeen erklärte die Frau für tot und stellte fest, dass sie mit 39 Messerstichen von der Kehle bis zum Unterleib brutal ermordet worden war. Unter anderem war ihr fünfmal in die linke Lungenseite, zweimal in die rechte, einmal ins Herz, fünfmal in die Leber, zweimal in die Milz und sechsmal in den Bauch gestochen worden. Dr Killeens Meinung nach waren zwei verschiedene Klingen verwendet worden. Die Mehrheit der Stichwunden war mit einer kurzen Klinge ausgeführt worden und der Todesstoß durch das Brustbein mit einer langen starken Klinge, wie beispielsweise einem Dolch oder Bajonett zugefügt worden. Dr Killeen bemerkte, dass es offensichtlich keine Abwehrverletzungen an Martha Tabrams Körper gab.

Die Polizei befragte die Bewohner der George Yard Buildings, aber niemandem war die Tote bekannt. Elizabeth

Mahoney sagte aus, dass das Treppenhaus bei ihrer Rückkehr vom Einkaufen dunkel gewesen sei und sie deshalb nicht mit Sicherheit sagen könne, ob dort jemand gelegen habe. Der genaue Ablauf bleibt also unklar. Dr Killeen ging davon aus, dass Martha Tabram zum Zeitpunkt seines Eintreffens etwa drei Stunden tot war.

Constable Thomas Barrett hatte gegen 2 Uhr morgens auf seiner Patrouille entlang der Wentworth Street einen Soldaten am Eingang zum George Yard getroffen, der dort herumlungerte. Er beschrieb ihn später als Anfang bis Mitte 20, ca. 1,75 m groß, mit heller Gesichtsfarbe, dunklen Haaren und einem kleinen gezwirbelten dunkelbraunen Schnurrbart. Außerdem hatte er ein Abzeichen für gutes Verhalten getragen, aber keine Medaillen. Barrett hatte den Mann aufgefordert, in seine Kaserne zurückzukehren. Daraufhin hatte der Soldat erwidert, er *„warte auf einen Kameraden, der mit einem Mädchen gegangen war.“*[16] Da die Sichtung des Soldaten etwa drei Stunden vor dem Auffinden der Leiche Martha Tabrams stattgefunden hatte, wurde Barrett von Detective Inspector Edmund Reid in den Tower of London gebracht, um den Verdächtigen unter den dort stationierten Soldaten der Grenadier Guards zu identifizieren, allerdings ohne Erfolg.

Am 9. August begann die gerichtliche Untersuchung im Fall Martha Tabram im noch heute existierenden Working Lads' Institute auf der Whitechapel Road. Die Leitung hatte

Deputy Coroner George Collier, Stellvertreter von Coroner Baxter. Zur gleichen Zeit erschien Mary Ann Connelly alias „Pearly Poll“ auf der Commercial Street Police Station und berichtete von ihrem und Marthas Trinkgelage mit den Soldaten und der anschließenden Trennung der Paare. Auch sie wurde zunächst zur Identifizierung der Soldaten zum Tower of London gebracht, ebenfalls erfolglos. Allerdings brachte sie Inspector Reid auf eine neue Spur, als sie berichtete, die Soldaten hätten weiße Bänder um die Kappen getragen, was auf die Coldstream Guards in der Wellington-Kaserne in Pimlico schließen ließ. Bei der dortigen Gegenüberstellung erkannte sie die beiden Soldaten, allerdings konnten beide eiserne Alibis für die Nacht des Feiertags vorlegen.

Am 23. August, dem zweiten und letzten Untersuchungstag, wurde Mary Ann Connelly (in einigen Zeitungsberichten „Connolly“ genannt) in den Zeugenstand gerufen. *The Daily Telegraph* berichtete:

„Sie kannte die Verstorbene seit vier oder fünf Monaten, allerdings unter dem Namen „Emma“. Das letzte Mal hatte sie sie lebend am besagten Bank Holiday gesehen, am Eingang zum George-Yard in Whitechapel. Sie waren zuvor in einem Pub gewesen und hatten sich gegen 23 Uhr 45 getrennt. In ihrer Begleitung waren zwei Soldaten, ein Private und ein Corporal. Sie wusste nicht, zu welchem Regiment sie gehörten, aber sie erinnerte sich an die weißen Bänder an ihren Kappen. Die Zeu-

gin wusste nicht, ob der Corporal Waffen bei sich getragen hatte. Sie hatten die Soldaten mitgenommen und in mehreren Kneipen mit ihnen getrunken. Als sie sich trennten, ging die Verstorbene mit dem Private davon. Sie gingen in den George-Yard, während die Zeugin und der Corporal in die Angel-Alley gingen. Bevor sie sich trennten, gerieten die Zeugin und der Corporal in Streit und er schlug sie mit einem Stock. Sie hörte nicht, ob die Verstorbene Streit hatte. Die Zeugin sah die Verstorbene nie wieder.“[17]

Interessanterweise berichtet *The Daily Telegraph* von dem Streit zwischen Connelly und dem Corporal, während in der Zusammenfassung der Untersuchung in *The Times*[18] davon keine Rede ist. Das Urteil der Jury lautete: „*Vorsätzlicher Mord durch eine oder mehrere unbekannte Person(en)*“, und sie empfahl, eine Lampe in den George Yard Buildings anzubringen. Der Deputy Coroner George Collier nannte die Tat „*einen der abscheulichsten Morde, den man sich vorstellen kann. Der Mann muss ein Wahnsinniger gewesen sein, einer hilflosen Frau so viele Verletzungen auf so eine Art zuzufügen.*“[19]

Kann man Martha Tabram als Opfer des Whitechapel-Mörders betrachten? Der Täter hatte ihre Kehle und ihren Unterleib attackiert, allerdings sprechen die Art der Verletzungen sowie die Anzahl der Stichwunden gegen den Modus Operandi des Whitechapel-Mörders.

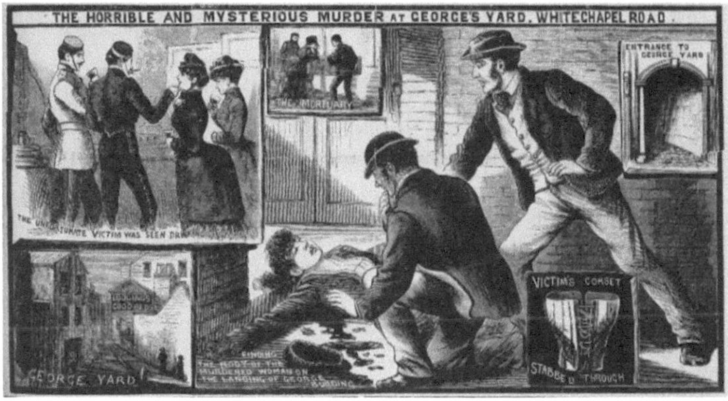

Aus „The Illustrated Police News" vom 18. August 1889

Nach diesem Mord machte sich in Whitechapel Unruhe breit. Polizei, Öffentlichkeit und Presse hatten das Gefühl, es mit einem unsichtbaren Gegner zu tun haben. Die Befürchtungen bewahrheiteten sich schnell, als drei Wochen später, am 31. August 1888, wieder eine Frau in Whitechapel ermordet wurde.

Mary Ann „Polly" Nichols

In der Nacht auf Freitag, den 31. August 1888 brannte es in den Londoner Docks. Viele Bewohner des East Ends eilten dorthin, um die brennenden Lagerhäuser und Werkstätten zu sehen. Währenddessen war ein Fuhrmann namens Charles Cross auf dem Weg zur Arbeit. Als er gegen 3 Uhr 40 durch die Buck's Row (heute Durward Street) in Whitechapel ging, sah er auf der linken Straßenseite in einer Einfahrt etwas liegen, das wie ein dunkles Bündel aussah.

Wegen der schwachen Beleuchtung hielt er es für eine Plane und wollte sie aufheben, da er sie gut für seine Arbeit hätte gebrauchen können. Entsetzt wich er zurück, als er erkannte, dass es sich um eine Frau handelte. In diesem Moment hörte er Schritte hinter sich und fuhr herum. Er sah einen Mann auf sich zukommen. Dies war Robert Paul, ebenfalls Fuhrmann auf dem Weg zur Arbeit. Cross rief ihm zu: *„Komm und schau dir das an. Da liegt eine Frau auf dem Bürgersteig."*[20]

Nervös näherten sich die beiden Männer der Frau und knieten nieder. Sie lag ruhig auf dem Rücken, mit ausgestreckten Beinen und ihre Röcke waren bis fast über die Taille hochgezogen. Als Charles Cross die Hände der Frau anfasste, bemerkte er, dass sie kalt waren. Robert Paul berührte ihr Gesicht, das sich warm anfühlte und prüfte, ob sie atmete. Als er ihre Brust berührte, hatte er das Gefühl, dass sie sich ganz leicht hob und senkte. *„Ich glaube, sie atmet"*, sagte er zu Cross, *„aber wenn, dann nur ganz schwach."*[21] Deshalb schlug Paul vor, sie aufrichten, aber Cross wollte sie nicht wieder anfassen. Da sie nicht zu spät zur Arbeit kommen wollten und der Meinung waren, nichts mehr tun zu können, zogen sie die Röcke der Frau herunter, um ihren Intimbereich zu bedecken. Dann gingen sie weiter und einigten sich darauf, dem ersten Polizisten, dem sie über den Weg liefen, Bescheid zu geben. In der Dunkelheit hatten die Männer nicht bemerkt, dass die Kehle der Frau durchtrennt war und zwar so brutal, dass ihr Kopf fast von ihrem Körper abgetrennt worden war.

Dies jedoch stellte Police Constable John Neil fest, der das Opfer auf seinem Rundgang durch die Buck's Row fand, kurz nachdem Cross und Paul sie verlassen hatten. Er war bereits eine halbe Stunde vorher dort gewesen, hatte aber niemanden gesehen. Neil untersuchte die Frau. Aus einer Wunde im Hals sickerte Blut, und er stellte fest, dass ihre Arme zum Teil noch warm waren. Ihre Augen waren weit geöffnet. Die Haube der Frau lag neben ihr im Rinnstein.

Während Neil die Frau untersuchte, bemerkte er PC John Thain auf dessen Rundgang am anderen Ende der Straße und machte ihn mit seiner Laterne auf sich aufmerksam. Er schickte ihn zum nächstgelegenen Arzt, Dr Llewellyn. Währenddessen erschien PC Mizen, der von Cross und Paul alarmiert worden war. Neil schickte auch ihn los, um Verstärkung und den Ambulanzwagen der Polizei zu holen, der kaum mehr als ein hölzerner Handkarren war.

Illustration von 1888: PC Neil findet die Leiche in der Buck's Row

Dr Llewellyn erreichte gegen 4 Uhr den Ort des Geschehens und stellte offiziell den Tod der Frau aufgrund der massiven Verletzungen der Kehle fest. Da der Körper und die Beine der Frau noch warm waren, ihre Hände und Handgelenke allerdings kalt, vermutete er, dass sie nicht länger als eine halbe Stunde tot sein konnte.

In der Zwischenzeit hatte sich die Nachricht über den Mord wie ein Lauffeuer in der Nachbarschaft verbreitet und immer mehr Schaulustige erschienen in der Buck's Row. Dazu gehörten drei Schlachter, Henry Tomkins, James Mumford und

Das Tor zu „Brown's Stableyard", wo die Leiche gefunden wurde

Charles Bretton, die in einem Pferdeschlachthof in der angrenzenden Winthrop Street gearbeitet hatten. Als PC Thain auf dem Weg zu Dr Llewellyn an dem Schlachthof vorbeigekommen war, hatten sie behauptet, nichts von dem Mord mitbekommen zu haben. Patrick Mulshaw, ein beim „Whitechapel District Board of Works" angestellter Nachtwächter, beaufsichtigte Kanalarbeiten in der Winthrop Street. Er begab sich zum Tatort, nachdem er von einem Fremden angesprochen worden war: *„Wachmann, Kumpel, ich glaube, jemand ist die Straße runter ermordet worden."*[22]

Als Dr Llewellyn anordnete, die Tote zu weiteren Untersuchungen in die Leichenhalle in der Old Montague Street zu bringen (diese war nur ein kleiner gemauerter Schuppen und gehörte zum Whitechapel Workhouse), hoben PC Thain und PC Neil sie auf den Ambulanzwagen der Polizei. Thain bemerkte, dass sich eine große Menge Blut am Rücken der Frau gesammelt hatte, und vermutete, dass es von der Halswunde stammte. Unter der Leiche befand sich ein Blutfleck von etwa 15 cm Durchmesser und etwas Blut war in die Gosse geflossen.

Gegen 4 Uhr 30 erhielt Inspector Spratling von der J Division, in deren Gebiet die Leiche gefunden worden war, Nachricht von dem Mord und begab sich zum Tatort. Er traf jedoch erst ein, als die Tote bereits abtransportiert worden war. Auch das Blut war schon von einem der Anwohner weggewischt worden. Als der Inspector in der Leichenhalle eintraf, um eine Beschreibung der Verstorbenen aufzunehmen, entdeckte er unter ihrer Kleidung etwas, das bisher niemand bemerkt hatte: In ihrem Bauch und Unterleib gab es mehrere gezackte Einschnitte und Stichwunden. Spratling ließ Dr Llewellyn holen. Entgegen der Anweisung des ebenfalls anwesenden Detective Sergeant Enright entkleideten in der Zwischenzeit zwei Bewohner des Arbeitshauses, Robert Mann und James Hatfield, den Leichnam, wuschen ihn und warfen die Kleidungsstücke auf einen Haufen im Hof. Damit zerstörten sie wertvolle Spuren.

Die Leitung der Ermittlung wurde von Inspector Joseph Helson von der J Division übernommen, und die Polizei begann nachzuforschen, um wen es sich bei der Toten handelte. Mehrere Frauen aus der Gegend kannten sie als „Polly“, die in einem Common Lodging House in der Thrawl Street 18 gewohnt hatte. Bei der Untersuchung der Kleidung der Verstorbenen – ein abgetragener roter Ulster, ein neues braunes Kleid, zwei Petticoats, davon einer aus Flanell – fand Inspector

Spratling auf den Petticoats eingenähte Etiketten des Lambeth Workhouse. Daraufhin wurde Mary Ann Monk, eine Bewohnerin von dort, zur Identifizierung in die Leichenhalle gebracht. Sie konnte sofort mit Sicherheit sagen, dass es sich um Mary Ann Nichols handelte, die bis Mai 1888 in dem Arbeitshaus gewohnt hatte. Dadurch konnten Verwandte der Verstorbenen ausfindig gemacht werden. Sowohl ihr Vater Edward Walker als auch ihr früherer Ehemann William Nichols identifizierten sie in der Leichenhalle des Old Montague Street Workhouse. Als William Nichols die Leiche seiner Frau sah, soll er gesagt haben: *„So wie du jetzt bist, vergebe ich dir, was du mir angetan hast.“*[23]

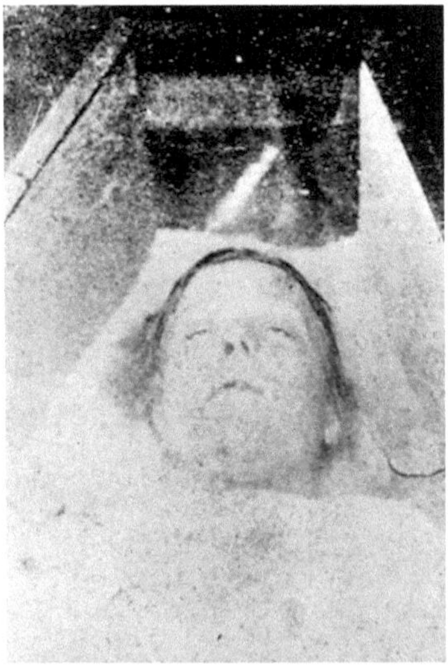

Mary Ann „Polly“ Nichols in der Leichenhalle

Mary Ann Nichols, bekannt als „Polly“, war fünf Tage zuvor, am 26. August, 43 Jahre alt geworden. Sie war 1,57 m groß, hatte braunes Haar, das langsam grau wurde und eine Narbe auf der Stirn. Ihre Vorderzähne fehlten. Sie war nahe der Fleet Street als zweites von drei Kindern des Schmieds Edward Walker und seiner Frau Caroline geboren worden. Mit 18

Jahren heiratete sie William Nichols, einen Maschinisten in einer Druckerei, mit dem sie in den nächsten 15 Jahren fünf Kinder bekam. Zunächst wohnten sie nahe der Fleet Street, später zogen sie nach Walworth und Southwark. Nachdem sich das Paar schon mehrfach wegen Mary Anns Trinkerei für kurze Perioden getrennt hatte, erfolgte im Jahr 1880 die endgültige Trennung. Zu diesem Zeitpunkt hatte William Nichols eine Affäre mit der Hebamme angefangen, die seiner Frau bei der letzten Geburt geholfen hatte. Daraufhin zog Mary Ann ins Lambeth Workhouse und gab dort ihren Beruf mit „Putzfrau" an. Die nächsten sieben Jahre wohnte sie in Arbeitshäusern in Lambeth, St Giles, Edmonton und Holborn oder zeitweise bei ihrem Vater. In der Zeit soll sie auch angefangen haben, sich zu prostituieren. Im Februar 1887 war sie obdachlos und schlief auf dem Trafalgar Square. Nachdem sie wieder ins Lambeth Workhouse zurückgekehrt war, fand sie im Mai 1888 eine Anstellung als Dienstmädchen bei einem Ehepaar in Wandsworth. In einem Brief an ihren Vater schrieb sie:

„Es ist innen riesig und vorne und hinten gibt es Gärten mit Bäumen. Alles wurde gerade neu gemacht. Sie sind Abstinenzler und gläubig, ich sollte also mit ihnen auskommen. Sie sind sehr nette Leute und ich habe nicht allzu viel zu tun…Bis bald! Deine Polly."[24]

Zwei Monate später allerdings erfuhr ihr Vater, dass sie dort Kleidung im Wert von 3 Pfund und 10 Schilling gestohlen hatte und verschwunden war.

Mary Ann ging ins East End und wohnte in den ersten drei Augustwochen mit vier anderen Frauen in einem Zimmer in Wilmott's Lodging House in der Thrawl Street 18 in Spitalfields. Wie auch die George Street war die Thrawl Street eine kleine und enge Straße mit mehreren Common Lodging Houses und galt als eine der gefährlichsten Straßen der Gegend. In der Woche vor ihrem Tod wohnte Mary Ann Nichols in der Flower and Dean Street 56, einer Unterkunft von schlechtem Ruf, in der Männer und Frauen nicht getrennt schliefen.

In der Nacht vom 30. auf den 31. August wurde sie um 0 Uhr 30 im „Frying Pan" Pub an der Ecke Brick Lane/Thrawl Street gesehen. In angetrunkenem Zustand verließ sie das Pub und ging zu Wilmott's Common Lodging House in der Thrawl Street 18, wo sie gegen 1 Uhr gesehen wurde. Da sie keine vier Pence für ein Bett übrighatte, wurde sie vom stellvertretenden Verwalter wieder auf die Straße geschickt. *„Ich bekomme mein Geld schon zusammen"*, sagte sie, als sie ging. *„Sieh nur, was für eine hübsche Haube ich habe."*[25]

Um 2 Uhr 30 kam Mrs Emily Holland von den Ratcliffe Trockendocks zurück, wo sie sich das Feuer angesehen hatte. Sie traf Mary Ann Nichols vor einem Lebensmittelgeschäft an der Kreuzung Osborn Street/Whitechapel Road. Mary Ann taumelte und fiel betrunken gegen die Fassade eines Ladens. Emily Holland versuchte sie zu überreden, mit ihr in das Common Lodging House in der Thrawl Street zurückzukehren. Mary Ann erklärte: *„Ich habe mein Geld für die Unterkunft heute schon dreimal verdient, aber wieder ausgegeben."*[26] Sie versicherte Emily Holland, dass es nicht lange dauern werde, bis sie zurück sei und verschwand schwankend in der Dunkelheit. Danach wurde sie nicht mehr lebend gesehen. Mary Ann „Polly" Nichols wird allgemein als das erste „kanonische" Opfer des Whitechapel-Mörders angesehen. Mit dem Mord an ihr begann der „Herbst des Schreckens" 1888.

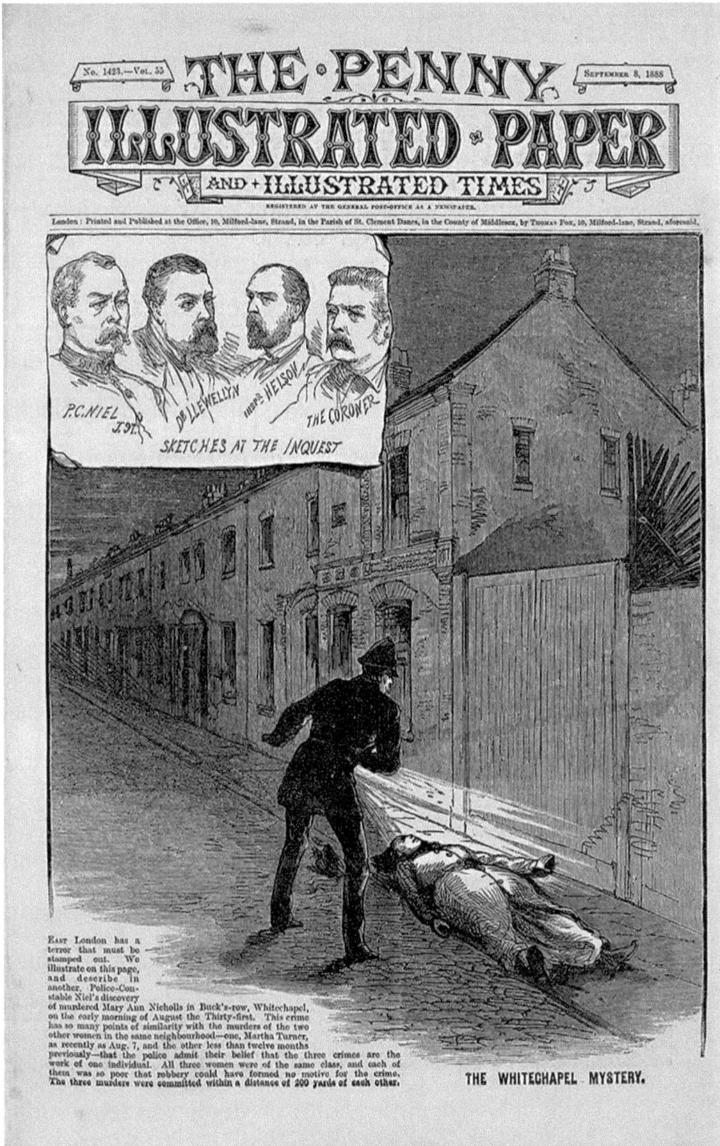

No. 1423.—Vol. 55 | THE PENNY ILLUSTRATED PAPER AND ILLUSTRATED TIMES | September 8, 1888

REGISTERED AT THE GENERAL POST-OFFICE AS A NEWSPAPER.

London: Printed and Published at the Office, 10, Milford-lane, Strand, in the Parish of St. Clement Danes, in the County of Middlesex, by Thomas Fox, 10, Milford-lane, Strand, aforesaid.

East London has a terror that must be stamped out. We illustrate on this page, and describe in another, Police-Constable Niel's discovery of murdered Mary Ann Nicholls in Buck's-row, Whitechapel, on the early morning of August the Thirty-first. This crime has so many points of similarity with the murders of the two other women in the same neighbourhood—one, Martha Turner, as recently as Aug. 7, and the other less than twelve months previously—that the police admit their belief that the three crimes are the work of one individual. All three women were of the same class, and each of them was so poor that robbery could have formed no motive for the crime. The three murders were committed within a distance of 200 yards of each other.

THE WHITECHAPEL MYSTERY.

„The Penny Illustrated Paper“ vom 8. September 1888

Ein erster Verdacht

Am 31. August 1888, am Tag des Mordes an Mary Ann Nichols, trat James Monro von seinem Posten als Leiter des Criminal Investigation Department zurück. Er hatte sich seit November 1887 zunehmend überlastet gefühlt, da er auch Leiter der Abteilung D war. Monro wechselte zum Innenministerium, behielt aber weiterhin großen Einfluss auf das CID, sehr zu Sir Charles Warrens Missfallen. Monros Nachfolger wurde Dr Robert Anderson, ein in Dublin geborener Anwalt, der für das Innenministerium gearbeitet hatte. Im August 1888 wurde er Assistant Commissioner CID.

Nach dem Mord an Mary Ann Nichols entschied Scotland Yard, Inspector Frederick George Abberline die Leitung der Ermittlungen vor Ort zu übertragen. Obwohl er im Vorjahr befördert und zur Zentrale von Scotland Yard versetzt worden war, wurde er mit den Inspektoren Moore und Andrews nach Whitechapel entsandt. Ausschlaggebend war neben seiner fachlichen Qualifikation, dass er das East End wie seine Westentasche kannte, hatte er doch vierzehn Jahre als Detective Inspector bei der H Division verbracht und war in der

Frederick Abberline (Zeitgenössische Zeichnung)

Gegend gefürchtet und respektiert. Zur H Division gehörte auch der junge Beamte Walter Dew, dessen Dienststelle die Commercial Street Police Station war. In seinen Memoiren *I Caught Crippen* (Dew erlangte 1910 Berühmtheit, als er den Mörder Dr Crippen schnappte) beschrieb er Abberline:

Walter Dew (ca. 1920)

„Inspector Abberline war würdevoll und sprach sanft. Der Typ von Polizeibeamten – und es gab einige davon – die man leicht mit dem Direktor einer Bank oder einem Anwalt verwechselte. Er war auch ein Mann, der sich in vielen großen Fällen bewährt hatte. Seine Stärke war sein Wissen über Verbrechen und Kriminelle im East End, denn er war für viele Jahre der Detective Inspector der Whitechapel Division oder wie es damals hieß, „Local Inspector“.“[27]

Da die „Whitechapel-Morde“ sowohl in den Bereichen der H Division als auch der J Division begangen wurden, arbeiteten beide Abteilungen eng zusammen. Am 1. September begann die Untersuchung des Todes von Mary Nichols im Working Lads’ Institute in der Whitechapel Road unter der Leitung von Coroner Wynne Baxter. Währenddessen konzentrierten Inspector Abberline und Inspector Reid ihre Ermittlungen auf die Common Lodging Houses und die Straßen, wo Mary Ann Nichols, Martha Tabram und Emma Smith sich zuletzt aufgehalten hatten. Nach den Morden fanden sich dort tagsüber zahlreiche Schaulustige ein, während nachts die Polizei ihre Patrouillen verstärkte. Die Presse stürzte sich auf die Verbrechen und schrieb in ihren Berichten die Morde an Martha Tabram und Mary Ann Nichols demselben Täter zu, auch wenn die Verletzungen unterschiedlicher Art waren. Am 3. September berichtete *The Times*, dass *„die Polizei keinen Hinweis auf den Täter hat“*[28], und dass sie die Theorie einer gewalttätigen Bande (von der man vor allem aufgrund des Angriffs auf Emma Smith zunächst ausgegangen war) verworfen habe.

Am 3. September, dem zweiten Tag der Untersuchung, wurde Henry Tomkins, einer der drei Schlachter aus der Winthrop Street, in den Zeugenstand gerufen. Er wiederholte seine Aussage, dass er und seine Kollegen nichts mitbekommen hätten. Diese wurden nicht in den Zeugenstand gerufen, die Polizei jedoch befragte die Männer einzeln, bevor sie als Verdächtige ausgeschlossen wurden.

Da sich in der Buck's Row nur eine geringe Menge Blut befunden hatte, kam im Laufe der Untersuchung die Frage auf, ob Mary Ann Nichols eventuell woanders getötet worden war. Inspector Helson (in der Zusammenfassung in *The Times* vom 4. September Inspector Helston genannt[29]) verneinte dies und stützte sich dabei auf Aussagen von Dr Llewellyn, nach dessen

Meinung Mary Ann Nichols ohne Frage in der Buck's Row ermordet worden war.

Mittlerweile brachten die Polizeibefragungen unter Prostituierten einen möglichen Verdächtigen hervor: Einen jüdischen Schuhmacher, den die Frauen nur als „Leather Apron" kannten, da er gewöhnlich eine Lederschürze trug. Er war dafür bekannt, ein Messer bei sich zu haben. Manchmal trug er einen Deerstalker. „Leather Apron" erpresste Geld von Prostituierten und wandte Gewalt an, wenn sie ihm nichts gaben. Sergeant William Thick von der H Division glaubte zu wissen, dass es sich bei „Leather Apron" um John Pizer handelte, einen 1850 geborenen polnischen Juden, der als Schuhmacher arbeitete. Sergeant Thick war in der Gegend unter dem Spitznamen „Johnny Upright" bekannt, *„weil er aufrecht war sowohl in seinem Gang als auch in seinen Methoden"*, wie Walter Dew sich in seinen Memoiren erinnerte.[30] Die Polizei versuchte, „Leather Apron" zu finden, und sei es nur, um ihn als Verdächtigen ausschließen zu können. Doch dann gab es einen unerwarteten Rückschlag: Entweder war es Klatsch gewesen oder unbedachte Äußerungen der Polizeibeamten, aber der neue Verdächtige fand seinen Weg in die Presse. Am 5. September stand in *The Star* ein Artikel, der die Einwohner des East Ends in Angst versetzte und die Polizei frustrierte, die gehofft hatte, ihren Verdächtigen geheim halten zu können und ihn somit nicht zu warnen:

„LEDERSCHÜRZE.

DER EINZIGE NAME, DER MIT DEN WHITECHAPEL-MORDEN IN VERBINDUNG GEBRACHT WIRD.

Die seltsame Gestalt, die nach Mitternacht in Whitechapel umherstreift – Allgemeine Angst unter den Frauen – Füße in Pantoffeln und ein scharfes Ledermesser."

Dem Artikel zufolge hatten mindestens 50 Frauen eine Beschreibung des Mannes abgegeben, vor dem sie solche Angst hatten:

„Nach allem, was man hört, ist er 1,64 m groß und trägt eine dunkle, enganliegende Mütze. Er ist stämmig und hat einen ungewöhnlich dicken Hals. Sein Haar ist schwarz und kurzgeschoren, er ist zwischen 38 und 40 Jahre alt. Er hat einen kleinen, schwarzen Schnurrbart. Das besondere Merkmal seiner Kleidung ist eine Lederschürze, die er immer trägt und durch die ER SEINEN SPITZNAMEN HAT.

Sein Gesichtsausdruck ist düster und wirkt auf die Frauen, die ihn beschreiben, äußerst beängstigend. Seine Augen sind klein und funkelnd. Auf seinen Lippen findet sich in der Regel ein Grinsen, das nicht nur beunruhigend, sondern geradezu abstoßend ist. Von Beruf ist er Pantoffelmacher, aber er arbeitet nicht. […] [Er] trägt immer ein Ledermesser bei sich […]. Seinen Namen kennt niemand, aber alle sind sich einig, dass er ein Jude oder jüdischer Abstammung ist, denn sein Gesicht hat ein ausgeprägtes hebräisches Aussehen."[31]

Durch den Artikel gewarnt, tauchte John Pizer unter und versteckte sich bei Verwandten. Darüber hinaus hatte der Artikel eine weitere negative Nebenwirkung: Da Lederschürzen von vielen jüdischen Arbeitern getragen wurden und das Gesicht des Verdächtigen als von *„ausgeprägtem hebräischem Aussehen“* beschrieben worden war, verstärkte sich der Antisemitismus im East End. Bereits im Juni 1887 hatte sich ein Mord ereignet, bei dem sowohl Opfer als auch Täter jüdische Einwanderer gewesen waren, was die Feindseligkeiten gegenüber der jüdischen Gemeinde verstärkt hatte. In der Batty Street 16 in der Nähe der Commercial Road hatte Israel Lipski seine Mitbewohnerin Miriam Angel ermordet, indem er ihr Salpetersäure in den Hals geschüttet hatte. Lipski wurde für sein Verbrechen gehängt. Angestachelt durch die Berichterstattung der Presse, wurde der Begriff „Lipski“ seitdem in der Gegend als rassistische Beleidigung von Nichtjuden gegenüber Juden verwendet.

Israel Lipski (1887)

Nach dem Mord an Mary Ann Nichols kam die nichtjüdische Bevölkerung des East Ends schnell zu der Schlussfolgerung, dass kein Engländer zu solchen Taten fähig sein

GHASTLY
MURDER
IN THE EAST-END.
DREADFUL MUTILATION OF A WOMAN.

Capture : Leather Apron

Another murder of a character even more diabolical than that perpetrated in Buck's Row, on Friday week, was discovered in the same neighbourhood, on Saturday morning. At about six o'clock a woman was found lying in a back yard at the foot of a passage leading to a lodging-house in a Old Brown's Lane, Spitalfields. The house is occupied by a Mrs. Richardson, who lets it out to lodgers, and the door which admits to this passage, at the foot of which lies the yard where the body was found, is always open for the convenience of lodgers. A lodger named Davis was going down to work at the time mentioned and found the woman lying on her back close to the flight of steps leading into the yard. Her throat was cut in a fearful manner. The woman's body had been completely ripped open and the heart and other organs laying about the place, and portions of the entrails round the victim's neck. An excited crowd gathered in front of Mrs. Richardson's house and also round the mortuary in old Montague Street, whither the body was quickly conveyed. As the body lies in the rough coffin in which it has been placed in the mortuary - the same coffin in which the unfortunate Mrs. Nicholls was first placed - it presents a fearful sight. The body is that of a woman about 45 years of age. The height is exactly five feet. The complexion is fair, with wavy brown hair; the eyes are blue, and two lower teeth have been knocked out. The nose is rather large and prominent.

Zeitgenössisches Fahndungsplakat

konnte und war bereit, auch diese Taten einem Mitglied der jüdischen Gemeinde zuzuschreiben. Während die Polizei Hausdurchsuchungen durchführte und nach „Leather Apron“ fahndete, wurde sein Name im ganzen Land ein Synonym für die Schrecken des East Ends.

Am 17. September, dem dritten Tag der Untersuchung des Mordes an Mary Ann Nichols, wurden die Bewohner der Buck's Row befragt. Die Buck's Row war eine Seitenstraße der Vallance Road und ein wenig abgelegen. Niemand in der Straße hatte etwas von der Tat mitbekommen. Mr Purkiss, der Verwalter des Lagerhauses „Essex Wharf“ gegenüber vom Tatort, und seine Frau hatten nichts gehört. Auch die Witwe Mrs Emma Green, die mit ihren beiden Söhnen und ihrer Tochter zusammenlebte und aus dem Schlafzimmerfenster auf den Tatort

Buck's Row (heute Durward Street), Blick Richtung Westen

blicken konnte, hatte trotz ihres leichten Schlafs nichts mitbekommen. Den patrouillierenden Polizisten war nichts Ungewöhnliches aufgefallen, genauso wie Patrick Mulshaw, dem Nachtwächter, der sich zum Zeitpunkt des Mordes an der Rückseite des Working Lads' Institute in der Winthrop Street aufgehalten hatte. Er erklärte, dass er zwar gelegentlich im Dienst döse, zwischen 3 und 4 Uhr aber wach gewesen sei und nichts Verdächtiges bemerkt habe. Über den Fremden, der ihn angesprochen hatte, konnte er keine Angaben machen und auch der Polizei gelang es später nicht, ihn aufzuspüren.

Eine eventuelle Spur ergab die sich durch die Aussage eines Bahnwärters namens Thomas Ede. Er hatte am 8. September bei der Forester's Music Hall in der Cambridge Heath Road nahe der Buck's Row einen verdächtigen Mann mit einer hölzernen Armprothese und einem Messer gesehen. Auch diesen Mann konnte die Polizei nicht finden.

Die Berichterstattung der Presse über die Morde sorgte dafür, dass die Lebensumstände im East End in den Fokus der Öffentlichkeit gerieten. So beschrieb ein Leser im *Daily Telegraph* am 21. September 1888 die gefährliche Gegend um die Thrawl Street, in der Mary Ann Nichols gewohnt hatte:

„In dem Teil der Thrawl-Street, der noch existiert, ist die Bevölkerung von einer solchen Klasse, dass Raubüberfälle und Gewaltausbrüche an der Tagesordnung sind. Es ist ein Risiko für jede anständige Person, die Straße hinunterzugehen, selbst

am helllichten Tag. Es wimmelt von Dieben, leichten Mädchen und schlechten Charakteren, und obwohl die Polizei vielleicht nicht mehr einer solchen Gefahr ausgesetzt ist wie noch vor ein paar Jahren, gibt es immer noch Grund zu der Annahme, dass ein Constable diesen Teil seiner Patrouille so weit wie möglich meiden wird, es sei denn, er wird von einem Kollegen begleitet."[32]

Am 22. September schloss Coroner Baxter die Untersuchung des Falles Mary Ann Nichols ab. Thomas Edes Aussage stellte sich als wertlos heraus. Der Mann, den er gesehen hatte, konnte als Henry James identifiziert werden, ein *„bekannter, harmloser Verrückter"*[33], der allerdings keine Armprothese trug. Es gab nach wie vor keine verwertbaren Spuren. Dies war umso tragischer, da der Whitechapel-Mörder schon am 8. September wieder zugeschlagen hatte.

Mary Ann Nichols war bereits am 6. September 1888 auf dem City of London Cemetery in Ilford bestattet worden. Die Straßen zum Friedhof wurden von tausenden Menschen gesäumt. Auf ihrem Sarg stand „Mary Ann Nichols, 42 Jahre, gestorben am 31. August 1888".

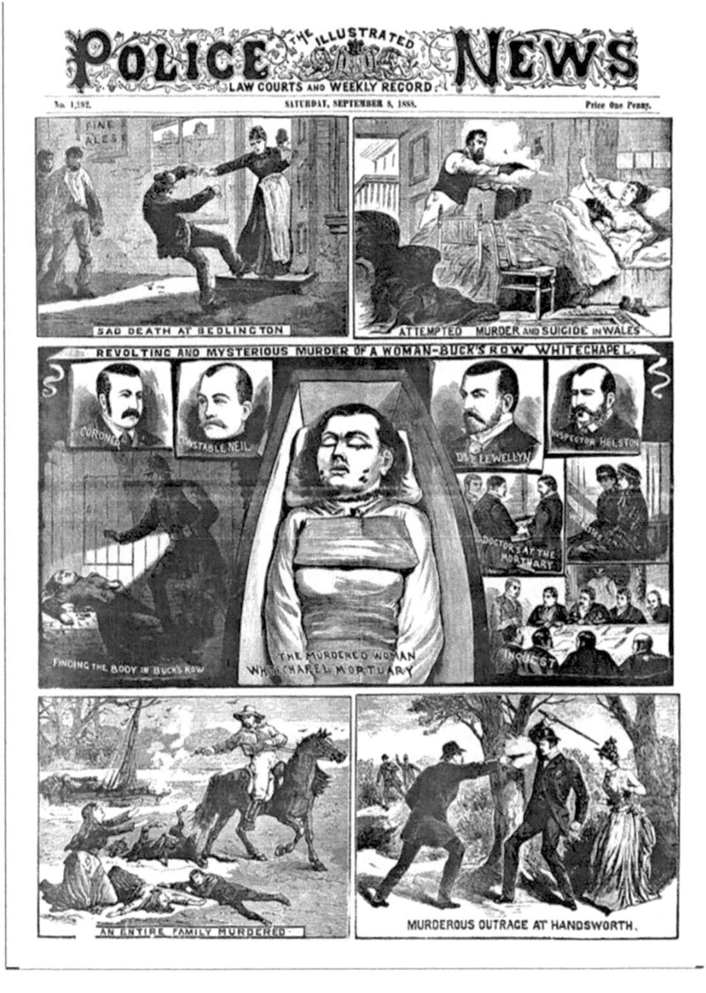

„The Illustrated Police News" vom 8. September 1888

Annie Chapman

Am Morgen des 8. September 1888 betrat John Richardson zwischen 4 Uhr 40 und 4 Uhr 45 den Hinterhof der Hanbury Street 29 in Spitalfields. Seine Mutter Amelia wohnte dort und betrieb ein Geschäft für Verpackungskisten. John war auf seinem Weg zur Arbeit. Einige Monate zuvor hatte jemand das Vorhängeschloss an der Kellertür im Hinterhof aufgebrochen. Seitdem kontrollierte er regelmäßig, ob alles in Ordnung war.

In der Hanbury Street 29 lebten neben der Witwe Amelia Richardson siebzehn Personen, darunter eine ältere Dame, die Katzenfutter verkaufte und zwei Kutscher mit ihren Familien.

Hanbury Street 29 zur Zeit der Morde

Wie bei fast allen Häusern in der Straße führte von der Haustür aus ein schmaler Flur an der Treppe vorbei zum Hinterhof. Wegen der unterschiedlichen Arbeitszeiten der Bewohner war die Haustür, wie in der Gegend üblich, oft die ganze Nacht offen. Daher wurden die Hinterhöfe der Hanbury Street häufig von Prostituierten und ihren Kunden benutzt.

An diesem Morgen setzte sich John Richardson kurz auf die Stufen der Hintertür, um ein loses Stück Leder von seinem Stiefel abzuschneiden. Von dort konnte er auch die Kellertür sehen, deren Vorhängeschloss intakt war. Etwa zwei Minuten später machte er sich auf den Weg zur Arbeit.

Hinterhof der Hanbury Street 29

Zwischen 5 Uhr 15 und 5 Uhr 32 befand sich der Schreiner Albert Cadosch, der nebenan wohnte, im Hinterhof des Hauses Hanbury Street Nr. 27. Er hörte eine Frau *„Nein"*[34] sagen, war sich aber nicht sicher, woher die Stimme kam. Cadosch vermutete, sie käme aus dem Hof des Hauses Nr. 29. Er kehrte drei oder vier Minuten später noch einmal zurück und hörte etwas gegen den Zaun fallen, der sich zwischen den Höfen der Häuser 27 und 29 befand. Cadosch kümmerte sich nicht darum, sondern machte sich auf den Weg zur Arbeit. In der

Commercial Street schaute er auf die Uhr der Christ Church, die 5 Uhr 32 anzeigte.

An diesem Morgen war Mrs Elizabeth Long (auch bekannt als Elizabeth Darrell) auf dem Weg zum Spitalfields Market. Als sie von der Brick Lane in die Hanbury Street einbog, hörte sie die Uhr der nahegelegenen Truman Brewery 5 Uhr 30 schlagen. Vor dem Haus Nr. 29 bemerkte sie einen Mann und eine Frau, die sich unterhielten. Die Frau war ihr zugewandt, und sie konnte ihr Gesicht sehen, während sie den Mann nur von hinten sah.

Das Treppenhaus der Hanbury Street 29

Eine knappe halbe Stunde später, kurz vor 6 Uhr, wurden drei Arbeiter, Henry John Holland, James Kent und James Green, die die Hanbury Street entlang gingen, plötzlich aufgeschreckt, als die Tür von Haus Nr. 29 aufgerissen wurde. Ein älterer Mann stolperte panisch auf die Straße und rief ihnen zu, sie sollten ihm in den Hinterhof folgen. Dies war John Davis, ein Bewohner der Hanbury Street 29, der eben die Treppe heruntergekommen war und die Tür zum Hinterhof geöffnet hatte. Nervös folgten die Männer ihm den Flur entlang und blickten in den Hof. Dort sahen sie die verstümmelte Leiche einer Frau zwischen der Treppe und dem Holzzaun liegen.

Aus „The Illustrated Police News" vom 15. September 1888

Sie lag mit dem Kopf Richtung Haus. Die Kleidung war bis zu ihrer Körpermitte hochgezogen, sodass ihre rot-weiß gestreiften Strümpfe sichtbar waren. Sie trug ein Halstuch, ihr Gesicht und ihre Hände waren blutverschmiert. Der Körper der Frau war grausam verstümmelt, der Bauch war aufgeschnitten, der Dünndarm herausgezogen und über ihre rechte Schulter gelegt worden. Teile des Bauches lagen blutgetränkt über ihrer linken Schulter.

Schockiert rannten die Männer in verschiedene Richtungen auf die Straße, um einen Polizisten zu finden. Henry Holland lief zum Spitalfields Market, wo er einen Beamten traf, dem er von der grauenhaften Entdeckung berichtete. Verblüfft musste er zur Kenntnis nehmen, dass der Polizist ihn kurz angebunden darüber informierte, dass es ihm nicht erlaubt sei, seinen Posten zu verlassen. Als Holland später eine offizielle Beschwerde bei der Commercial Street Police Station einreichte, teilte man ihm mit, dass der Polizist sich tatsächlich korrekt verhalten hatte. James Kent hingegen stand derartig unter Schock, dass er sich im nächsten Pub mit einem Schnaps beruhigen musste.

John Davis hatte in der Zwischenzeit die Beamten der Commercial Street Police Station alarmiert. Inspector Joseph Chandler, der auf der Commercial Street unterwegs war, wurde dort über den Mord informiert. Er begab sich zum Tatort, wo sich bereits Schaulustige versammelt hatten. Angesichts der Menschenmenge forderte er direkt Verstärkung an und ließ Dr George Bagster Phillips holen, den Polizeiarzt der H Division. Bis zu dessen Eintreffen um 6 Uhr 30 bedeckte Chandler die Tote mit einem Sack, den ihm ein Bewohner zur Verfügung gestellt hatte. Dr Bagster Phillips erklärte die Frau offiziell für tot. Er stellte fest, dass ihr Gesicht und ihre Zunge geschwollen waren. Ihre Kehle war mit mehreren Schnitten aufgeschlitzt worden, die rund um den Hals gingen. Bei der späteren Obduktion in der

Dr George Bagster Phillips

Leichenhalle im Whitechapel Workhouse wurde sichtbar, dass der Täter dem Opfer die Gebärmutter entfernt hatte.

Nach den Erfahrungen mit Mary Ann Nichols, deren Leiche ebenfalls dorthin gebracht worden war, erteilte die Polizei strikte Anweisungen, dass außer Dr Bagster Phillips niemand die Leiche anfassen dürfe, zumal die Tote von Robert Mann, demselben Mitarbeiter in Empfang genommen wurde, der an der Entkleidung und Säuberung von Mary Ann Nichols' Leiche beteiligt gewesen war. Zum Ärger der Polizei passierte dasselbe noch einmal. Auf Anweisung des Sekretärs des Arbeitshauses wurde auch diese Leiche von zwei Krankenschwestern entkleidet und gewaschen, bevor die Obduktion durchgeführt werden konnte.

Die Nachforschungen der Polizei brachten relativ schnell zutage, dass es sich bei der Toten um Annie Chapman handelte, die seit etwa vier Monaten in Crossingham's Lodging House in der Dorset Street 35 gewohnt hatte und unter dem Spitznamen „Dark Annie" bekannt war. Sie war hatte dunkles, gewelltes Haar, blaue Augen und eine dicke Nase. Wie auch Mary Ann Nichols und Martha Tabram stammte Annie Chapman nicht aus dem East End. Sie wurde als Eliza Ann Smith im September 1841 geboren, sechs Monate vor der Hochzeit ihrer Eltern George Smith, einem Soldaten der Life Guards, und Ruth Chapman in Paddington. Die Familie zog nach Knightsbridge und in den 1850er Jahren – ohne Annie,

Annie Chapman (1869)

die vermutlich als Hausangestellte in London blieb – nach Clewer in Berkshire. Annie heiratete 1869 John Chapman, einen Verwandten ihrer Mutter und Kutscher für wohlhabende Gentlemen. Sie bekamen drei Kinder, von denen das erste mit zwölf Jahren an Meningitis starb und das jüngste in eine Einrichtung für Körperbehinderte gegeben wurde. 1881 zog die Familie wegen John Chapmans Arbeit nach Berkshire, doch Annie hatte angefangen zu trinken, und die beiden trennten sich 1884. John starb Weihnachten 1886 an Leberzirrhose. Bis dahin hatte Annie Chapman 10 Schilling Unterhalt pro Woche bekommen. Sie ging zurück nach London und wohnte in Common Lodging Houses in Whitechapel und Spitalfields. Dort versuchte sie, sich mit Häkelarbeiten und dem Verkauf von Blumen über Wasser zu halten. Da dies nicht reichte, war sie wie viele Frauen in ihrer Situation zur Prostitution gezwungen und brachte Männer über Nacht mit in die Unterkünfte. Es wurde berichtet, dass sie zwei Stammkunden hatte, einen angeblichen Soldaten im Ruhestand, Edward Stanley, der als „the pensioner“ bekannt war sowie einen Mann, der „Harry the Hawker“ genannt wurde.

Stanley war weder Soldat noch im Ruhestand. Er war 47 Jahre alt, Maurer und hatte eine Wohnung am Osborn Place 1 in Whitechapel. Trotzdem verbrachte er laut Timothy Donovan, dem stellvertretenden Wärter von Crossingham's Lodging House, die Wochenenden mit Annie Chapman häufig dort. Er soll Donovan sogar aufgefordert haben, Annie kein Bett zu geben, falls sie mit anderen Männern dort erschiene, was Stanley später vehement bestritt. Er gab an, Annie nur ein- oder zweimal besucht zu haben.

Timothy Donovan wusste auch zu berichten, dass Annie Chapman gerne trank, vor allem Rum (manchen Aussagen nach versuchte sie zuletzt, nur noch samstags zu trinken) und dass es in dem Monat vor ihrer Ermordung in der Unterkunft zu einem Streit zwischen ihr und einer anderen Bewohnerin namens Eliza Cooper gekommen war. Während manche Zeugen „Harry the Hawker“ als Auslöser für die Auseinandersetzung anführten, behauptete Eliza Cooper, dass die Ursache ein Stück Seife gewesen sei, das sie Annie geliehen habe, die es wiederum an Edward Stanley weitergegeben habe. Da Annie Chapman Eliza die Seife nicht zurückgab, kam es zum Streit, bei dem Annie einen Halfpenny auf den Küchentisch der Unterkunft warf und ihr sagte: *„Hol dir deine Seife selber.“*[35] Der Streit schwelte jedoch weiter und einige Tage später kam es im „Britannia“ Pub an der östlichen Ecke der Dorset Street zu Handgreiflichkeiten. Annie schlug Eliza ins Gesicht und schrie *„Sei froh, dass das alles ist!“*[36] Eliza antwortete Annie mit Schlägen auf das Auge und die Brust. Die Folgen dieser Auseinandersetzung konnte Dr Bagster Phillips bei ihrer Obduktion sehen. Er stellte außerdem fest, dass ihre Lungen und ihr Gehirn durch Krankheit geschädigt waren und sie deshalb nur noch wenige Monate gelebt hätte.

Vier Tage vor ihrem Tod traf Annie Chapman eine Bekannte, Amelia Palmer, in der Nähe der Christ Church. Annie fühlte sich gesundheitlich so schlecht, dass sie überlegte, ein paar Tage ins Krankenhaus zu gehen. Da sie an dem Tag noch nichts zu sich genommen hatte, gab Amelia ihr zwei Pence, um sich etwas zu essen zu kaufen und ermahnte sie ausdrücklich, das Geld nicht für Alkohol auszugeben.

Am Freitag, dem 7. September gegen 17 Uhr, trafen die Frauen sich erneut in der Dorset Street. Annie Chapman war in einem sehr schlechten Zustand und klagte, sie sei *„zu krank, um irgendetwas zu tun.“*[37] Als Amelia Palmer zehn Minuten später wieder zurückkam, hatte Annie sich nicht von der Stelle bewegt. Sie machte einen verzweifelten Eindruck, sagte jedoch zu Amelia, dass es keinen Sinn habe, aufzugeben. Sie müsse sich zusammenreißen und Geld auftreiben, sonst habe sie keine Unterkunft.

Am selben Tag erschien sie in Crossingham's Lodging House und fragte Timothy Donovan, ob sie sich in die Küche setzen dürfe. Als er sie fragte, wo sie die letzten Tage gewesen sei, antwortete sie *„Auf der Krankenstation“*[38], woraufhin er ihr erlaubte, sich in der Küche aufzuhalten. Verschiedenen Zeitungsartikeln und Zeugenaussagen zufolge kam und ging Annie Chapman mehrmals in den folgenden Stunden. Angeblich war sie tagsüber in Vauxhall bei ihrer Schwester gewesen, die ihr Geld gegeben hatte. Nach Mitternacht (manche Berichte nennen 1 Uhr 35 als exakte Uhrzeit) schickte Donovan seinen Mitarbeiter John Evans in die Küche, um von Annie Geld für ein Bett zu kassieren. Sie saß dort leicht angetrunken und aß Kartoffeln. Als Evans Geld von ihr forderte, klagte sie über ihren schlechten Gesundheitszustand, und dass sie auf der Krankenstation gewesen sei. Annie ging zu Donovan und wollte ihn überreden, ihr weiterhin zu gestatten, in der Küche zu bleiben. Er erwiderte, sie habe Geld für Bier, aber nicht für ein Bett, deshalb müsse sie gehen. Annie bat ihn, ein Bett für sie frei zu halten, da sie schnell wieder da sei. Sie stand noch ein paar Minuten in der Tür, bis John Evans sie aus der Unterkunft begleitete und ihr nachsah, wie sie Richtung Spitalfields Market in der Nacht verschwand.

Laut einem Angestellten des „Ten Bells“ Pubs, das immer noch an der Kreuzung Commercial Street und Church Street (heute Fournier Street) steht, befand sich gegen 5 Uhr morgens eine Frau in der Kneipe, auf die die Beschreibung von Annie Chapman passte. Ein Mann mit einer Mütze habe die Tür geöffnet und sie aufgefordert, herauszukommen.

Das „Ten Bells" Pub ist nur wenige Gehminuten von der Hanbury Street entfernt, in der Annie Chapman kurz darauf ermordet aufgefunden wurde.

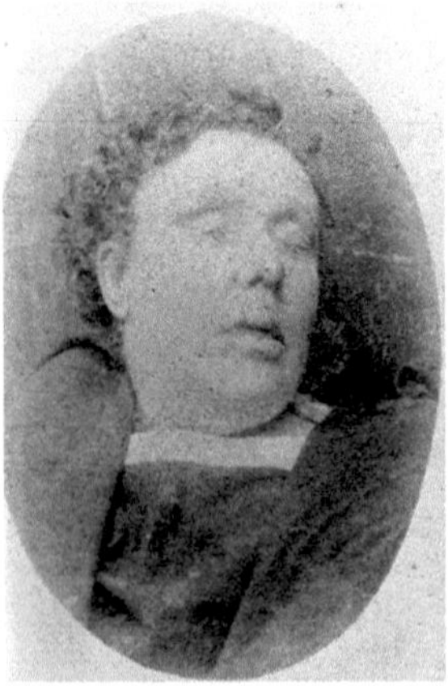

Annie Chapman in der Leichenhalle

In der Leichenhalle identifizierte Mrs Long Annie Chapman als die Frau, die sie um 5 Uhr 30 vor Hausnummer 29 gesehen hatte. Annie trug am Tag ihres Todes einen langen schwarzen Mantel, einen schwarzen Rock, ein braunes und ein weiteres Mieder, zwei Petticoats, ein weiß-rotes Halstuch, rot-weiß gestreifte Wollstrümpfe und Schnürstiefel.

Bei der Untersuchung am Tatort fand man Annie Chapmans Besitztümer, eine leere Tasche um ihre Taille, ein Stück Musselin, zwei Kämme, davon einer in einem Papieretui sowie zwei Pillen, die Annie möglicherweise während ihres Krankenhausaufenthalts bekommen hatte, außerdem einen Teil eines zerrissenen Briefumschlags. Dieser trug das Wappen des Sussex-Regiments, ein handgeschriebenes „M" sowie den Poststempel „London, 28. Aug 1888".

Inspector Chandler hoffte über den Umschlag, Hinweise auf die Identität des Mörders zu erlangen, erfuhr aber in Crossingham's Lodging House von dem Bewohner William Stevens, dass der Umschlag dort bereits mehrere Tage auf dem

Kaminsims gelegen hatte. Stevens hatte dabei zugesehen, wie Annie in der Nacht ihres Todes ihre Pillen in dem Umschlag verstaut hatte, nachdem ihre Pillenschachtel zerbrochen war.

Zeugen zufolge hatte Annie Chapman zuletzt drei Fingerringe aus Messing getragen, die beim Auffinden ihrer Leiche fehlten. Die Polizei stellte daraufhin Nachforschungen bei Pfandleihern und Juwelieren an, in der Hoffnung, der Mörder würde versuchen, sie zu Geld zu machen, allerdings erfolglos.

Neben Annies Besitztümern fand man in der Ecke des Hofes, nahe der Leiche, eine frisch gewaschene Lederschürze. Sie gehörte John Richardson und war von seiner Mutter Amelia einige Tage vorher gewaschen und zum Trocknen dort hingelegt worden. Trotzdem wurde die Schürze mit „Leather Apron“ in Verbindung gebracht und die Schreckensmeldungen überschlugen sich. Die Presse berichtete im Detail über die grausamen Verletzungen Annie Chapmans, griff den Mord an „Polly“ Nichols zum Vergleich auf, und die Sensationsmeldungen sorgten für steigende Verkaufszahlen. Die Presse spekulierte über Identität und Motive des Mörders, über seinen Geisteszustand und seine *„Gier nach Blut“*[39]. Die Grausamkeit der Taten hielt die Bevölkerung Londons über die Grenzen des East Ends hinaus in Atem. Die Berichte über „Leather Apron“ heizten den bereits schwelenden Antisemitismus so weit an, dass Gruppen von Männern in den Straßen *„Nieder mit den Juden!“*[40] skandierten und Juden wahllos vom wütenden Pöbel bedroht oder angegriffen wurden. Es gab allerdings auch Journalisten, die sich kritisch gegenüber der reißerischen, antisemitischen Berichterstattung ihrer Kollegen äußerten.

Um eine Eskalation im ohnehin schon aufgeheizten Viertel zu verhindern, entsandte die Polizei Hunderte von uniformierten Beamten aus anderen Teilen Londons in das Gebiet. Angelockt von der Faszination des Grauens, belagerten die Menschen die Hanbury Street. Dies machten sich die Bewohner zunutze und verlangten einen Penny Eintritt für die Besichtigung des Tatorts. Die Gerüchteküche brodelte, und bei jeder Verhaftung, sei es auch nur wegen eines Bagatelldelikts, schrie die Masse *„Der Mörder ist gefasst!“*[41] und versuchte nicht selten, Lynchjustiz zu üben.

Sobald es allerdings dunkel wurde, schlug der Mut des Tages in Angst um und die Leute wagten sich nicht mehr auf die Straße. Schlosser hatten Hochkonjunktur, denn die Menschen versuchten, ihre Häuser und Wohnungen zu sichern. Viele Wirte beschwerten sich, dass ihr Umsatz aufgrund der fehlenden Kundschaft abends und nachts einbrach.

Die Prostituierten hatten wenige Optionen, sich zu schützen: Wenn sie Whitechapel nicht verlassen konnten, blieben sie über Nacht in den Common Lodging Houses oder gingen nur noch bewaffnet auf die Straßen.

The Star fasste die Stimmung am 8. September folgendermaßen zusammen:

„London liegt heute unter dem Bann eines großen Schreckens. Ein namenloser Schurke – halb Ungeheuer, halb Mensch – ist auf freiem Fuß, der täglich seine mörderischen Instinkte an den erbärmlichsten und wehrlosesten Gesellschaftsklassen befriedigt. Es kann nicht den Schatten eines Zweifels geben, dass unsere ursprüngliche Theorie richtig war, und dass der Whitechapel-Mörder, der inzwischen vier, wenn nicht sogar fünf Opfer auf dem Gewissen hat, ein einzelner Mann ist und zwar ein mörderischer Wahnsinniger. […] Abscheuliche Bosheit, tödliche Gerissenheit, unstillbarer Blutdurst – all das sind die Merkmale des wahnsinnigen Mörders.“[42]

Annie Chapman wurde am 14. September auf dem Manor Park Cemetery beerdigt, allerdings ohne öffentliche Anteilnahme, da die Familie den Zeitpunkt und Ort der Beerdigung nicht bekannt gegeben hatte. Auf ihrem Sarg stand: „Annie Chapman, gestorben am 8. September 1888, Alter 48 Jahre.“

„The Illustrated London News" vom 22. September 1888

„The Illustrated Police News" vom 22. September 1888

Auf der Spur des Täters

Um die Polizeiermittlungen zu unterstützen, begannen einige Bewohner des East Ends, sich privat zu engagieren und formten Bürgerwehren in der Hoffnung, den Mörder dingfest zu machen. Die erste Bürgerwehr war das St Jude's Vigilance Committee, das von der Toynbee Hall in der Commercial Street aus operierte und sich bereits nach dem Mord an Martha Tabram gegründet hatte. Das bekannteste Komitee war das Mile End Vigilance Committee, eine Gruppe lokaler Geschäftsleute und Händler, viele von ihnen jüdisch, das sich am 10. September unter der Leitung des Bauunternehmers George Akin Lusk formierte.

Das Komitee organisierte Straßenpatrouillen und schrieb an Innenminister Henry Matthews mit der Bitte, eine Belohnung für Informationen, die zur Ermittlung des Mörders führen könnten, auszuschreiben. Bei der Untersuchung im Fall Annie Chapman betonte der Sprecher der Geschworenen, dass die Morde an Annie Chapman und Mary Ann Nichols hätten verhindert werden können, wenn die Regierung bereits nach dem Mord an Martha Tabram eine Belohnung ausgeschrieben hätte.

Doch nicht nur die East End-Bewohner versuchten, den Mörder selbst zu fangen. So schrieb *The Echo*: *„...Keine geringere Persönlichkeit als ein Direktor der Bank von England ist so besessen davon, den Mörder zu fassen, dass er sich als* *einfacher Arbeiter verkleidet hat und die Pubs, Common Lodging Houses und andere wahrscheinliche Orte aufsucht, um den Mörder zu finden."*[43]

Auch Journalisten bewegten sich nachts durch das East End, um Material für ihre reißerischen Artikel zu sammeln. Die Amateurdetektive, Journalisten und Komitees waren für die Polizei nicht unbedingt hilfreich, vor allem, da sich den Bürgerwehren obskure Gestalten anschlossen und die Streifenpolizisten nicht wussten, wer dazugehörte. So spekulierte auch ein Leser in einem Brief in der *St. James Gazette*, dass der Mörder die Chance für sich nutzen und sich selbst unter den Amateurdetektiven einschreiben würde.[44]

Am 8. September, eine Stunde nachdem Annie Chapmans Leiche gefunden worden war, betrat ein Mann um 7 Uhr morgens das „Prince Albert" Pub an der Ecke Brushfield Street/Steward Street, nur unweit der Hanbury Street. Die Wirtin Mrs Fiddymont, die sich gerade mit ihrer Freundin Mary Chappell unterhielt, war vom düsteren Aussehen des Mannes so erschrocken, dass sie Mary Chappell bat, bei ihr zu bleiben. Als Mrs Fiddymont sich umdrehte, um ihm ein Glas Bier einzuschenken, konnte sie den Mann im Spiegel an der Rückseite der Bar genauer betrachten. Er trug einen braunen Hut, der sein Gesicht teilweise verdeckte und einen dunklen Mantel. Da der Mann keine Weste trug, konnte sie sehen, dass sein Hemd stark zerrissen war. Unter seinem rechten Ohr befand sich eine Blutspur. Außerdem erkannte sie zwischen seinen Fingern getrocknetes Blut. Mary Chappell beobachtete ihn aus einem anderen Blickwinkel. Dies schien den Mann zu verunsichern und er stellte sich so hin, dass eine Trennwand zwischen ihnen war. Er leerte sein Glas in einem Zug und verließ das Pub. Mary Chappell folgte ihm und sah ihn Richtung Bishopsgate eilen. Sie machte den zufällig vorbeikommenden Bauarbeiter Joseph Taylor auf den Mann aufmerksam, der dem Verdächtigen schnellen Schrittes folgte, bis er ihn einholen und neben ihm hergehen konnte. Taylor erkannte den Mann, da er ihn schon einmal in einem Common Lodging House in der Thrawl Street gesehen hatte. Er beschrieb ihn als schlank, etwa 1,80 m groß, zwischen 40 und 50 Jahre alt, mit rotem Schnurrbart und kurzem hellem Haar. Der schäbig aussehende Mann machte einen nervösen und ängstlichen Eindruck. Taylor hielt ihn für einen Ausländer. Er fand es auffällig, dass der Mann seinen Mantel beim Gehen zuhielt. Taylor ließ sich zurückfallen und beobachtete ihn, bis er beim „Dirty Dick's" Pub in der Halfmoon Street aus seinem Blickfeld verschwand. Die Polizei wurde informiert, aber der Mann konnte nicht aufgefunden werden.

Am Tag des Mordes an Annie Chapman, am 8. September, fuhr Dr Robert Anderson, der neue Assistant Commissioner CID bei Scotland Yard, zur Erholung in die Schweiz. Er hatte den Posten vollkommen erschöpft angetreten und folgte einer

Anweisung seines Arztes. Erst einen Tag vorher war der Commissioner der Metropolitan Police, Sir Charles Warren, selbst aus dem Urlaub zurückgekehrt. Nachdem ihm die bisherigen Ermittlungsergebnisse vorgelegt worden waren, wurde Warren schnell klar, dass die gesamte Leitung der Ermittlungen in einer

Sir Charles Warren

Hand liegen musste. In einem Bericht an das Innenministerium vom 15. September erklärte er: *„Ich gehe so weit zu sagen, dass ich selbst das Rätsel entschlüsseln könnte, vorausgesetzt, ich könnte mir die Zeit nehmen und ihm individuelle Aufmerksamkeit widmen.“*[45]

Donald Swanson ca. 1903

Die Verantwortung fiel an Chief Inspector Donald Sutherland Swanson, bei dem als leitendem Ermittler alle Beweise, Informationen und Erkenntnisse zusammenliefen. Damit war Swanson über jedes Detail genauestens informiert.

Am Morgen des 10. September hatte Sergeant William Thick endlich John Pizer aufgespürt, den er für „Leather Apron" hielt. Er hatte sich in der Mulberry Street 22 bei Verwandten versteckt. Man schien sich einig, dass der Whitechapel-Mörder gefasst worden war. Bei den Verhören in der Leman Street Police Station zeigte sich jedoch, dass Pizer für die Nächte der Morde an Mary Ann Nichols und Annie Chapman wasserdichte Alibis vorweisen konnte.

John Pizer (Skizze aus einem Zeitungsartikel)

Während John Pizer noch von Sergeant Thick verhört wurde, ermittelte Inspector Abberline in Gravesend. Dort hatte am Abend des 9. September ein Mann im Pub „The Pope's Head" randaliert und so lautstark und hasserfüllt gegen Frauen gewettert, dass er festgenommen wurde. An der Hand hatte er eine Verletzung. Er erklärte, er sei am Tag zuvor frühmorgens in Whitechapel auf eine Frau getroffen, die in einem Anfall zusammengebrochen war. Als er ihr habe helfen wollen, habe sie ihn gebissen.

Bei dem Mann handelte es sich um William Henry Piggott, einen 53-jährigen Schiffskoch. Als belastende Tatsache fand die Polizei anschließend ein Paket, das Piggott in einer Fischbude liegengelassen hatte. Darin befanden sich Kleidungsstücke, unter anderem ein zerrissenes und blutverschmiertes Hemd. Auch seine Schuhe wiesen Blutflecken auf, die er nur oberflächlich entfernt hatte. Da Abberline vermutete, dass es sich bei Piggott um den Mann aus dem „Prince Albert" Pub handelte, brachte er ihn zur Gegenüberstellung nach London. Diese fand noch am selben Tag, dem 10. September, statt. Mrs Fiddymont und Joseph Taylor erkannten den Mann nicht. Obwohl Mary Chappell ihn zunächst identifizierte, änderte sie später ihre Aussage. Nach weiteren Verhören wurde Piggott von der Polizei als Täter ausgeschlossen.

Ebenfalls am 10. September begann die gerichtliche Untersuchung zum Tod von Annie Chapman, wieder unter der Leitung von Coroner Wynne E. Baxter. Da John Pizer als Täter ausschied, wurde er am 12. September bei der zweiten Anhörung in Anwesenheit von Sergeant Thick öffentlich rehabilitiert.

Doch weitere Verdächtige waren bereits im Visier der Ermittler. Am 11. September erschienen zwei Ärzte, Dr Cowen und Dr Crabb, bei der Polizei. Sie gaben an, dass Mr George Tyler aus der Milford Road 60 einen seiner Mieter verdächtige, da dieser oft nachts unterwegs gewesen sei, unter anderem auch in der Nacht, in der Annie Chapman ermordet worden war. Der Mieter war Jacob Isenschmid, ein Schweizer Schweinemetzger, der in der Elthorne Road 59 in Holloway wohnte und seit geraumer Zeit unter Wahnvorstellungen litt.

Die Presse bezeichnete ihn später als „Mad Butcher“ und „Mad Pork Butcher.“ Sergeant Thick befragte Isenschmids Frau Mary, die von ihm getrennt lebte und angab, dass ihr Mann gewalttätig sei, sie aber nicht glaube, dass er *„jemanden außer mir verletzen würde. Ich glaube, er würde mich töten, wenn er die Chance dazu hätte.“*[46] Isenschmid war 1845 geboren worden, war ungefähr 1,70 m groß, kräftig gebaut, hatte rote Haare und einen buschigen Bart und machte einen einschüchternden Eindruck. Aufgrund seines Aussehens wird vielfach vermutet, dass Isenschmid der Mann gewesen sein könnte, den Mrs Fiddymont im „Prince Albert“ Pub gesehen hatte. Isenschmid wurde in Untersuchungshaft genommen und als besonders verdächtig eingestuft.

Am 13. September, dem dritten Tag der Untersuchung im Fall Annie Chapman, wurde die Aussage des Polizeiarztes der H Division, Dr George Bagster Phillips, aufgenommen. Er war um 6 Uhr 30 am Tatort in der Hanbury Street angekommen und vermutete, dass die Tote zu diesem Zeitpunkt bereits zwei Stunden tot gewesen sein müsse, aber, wie *The Times* schrieb, gab er zu, dass *„die Kälte an dem Morgen und der große Blutverlust seine Meinung hätten beeinflussen können, und, wenn die Aussagen der anderen Zeugen richtig waren, hatte Dr. Phillips die Wirkung dieser Kräfte falsch eingeschätzt.“*[47] Darüber hinaus äußerte Dr Bagster Phillips eine erschreckende Vermutung: Die Schnelligkeit und die Geschicklichkeit, mit der Annie Chapmans Mörder ihre Gebärmutter entfernt hatte, deuteten darauf hin, dass er über anatomische Kenntnisse verfügte. Auch zog Dr Bagster Phillips die Tatsache in Betracht, dass der Mörder sein Opfer getötet hatte, um dieses Organ zu entfernen.

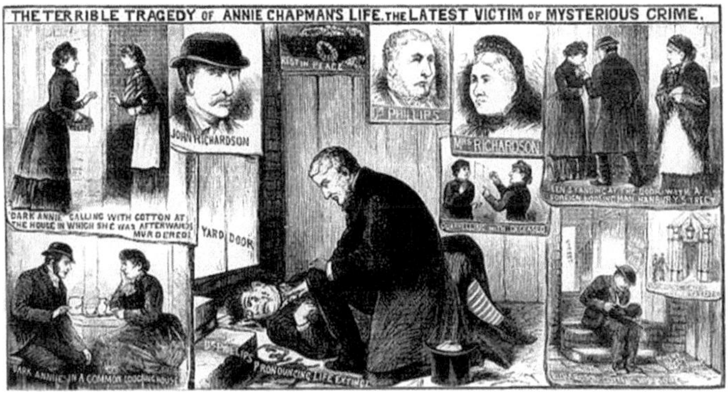

Aus einer Ausgabe der „Illustrated Police News" von 1888

Dies erweiterte den Kreis der Verdächtigen. So schrieb Sir Charles Warren am 19. September in einem Brief an Innenminister Henry Matthews über einen Mann namens Oswald Puckridge, der am 4. August 1888 aus einer Irrenanstalt entlassen worden war: *„Er war als Chirurg ausgebildet und hatte gedroht, Leute mit einem langen Messer aufzuschlitzen. Er wird zurzeit gesucht, konnte aber noch nicht gefunden werden."*[48] Woher Warren die Informationen über Puckridge hatte, ist unklar. Oswald Puckridge war ein 1838 geborener Apotheker, der am 6. Januar 1888 in die private Hoxton House Irrenanstalt in Shoreditch eingewiesen worden war. Da er im weiteren Verlauf der Ermittlungen nicht weiter in den Polizeiakten erwähnt wird, war er scheinbar nicht länger verdächtig. Puckridge starb 1900, nachdem er sein Leben hauptsächlich in Irrenanstalten verbracht hatte.

Der Mörder war weiterhin auf freiem Fuß. Er hatte bisher seine Verbrechen in Spitalfields und Whitechapel begangen, die in den Zuständigkeitsbereich der Metropolitan Police gehörten. Diese Stadtteile grenzen direkt an die City of London, das Finanzzentrum im Herzen Londons. Dort gab (und gibt) es eine eigene Polizeieinheit, die City of London Police. Deren Commissioner war 1888 Major Henry Smith. Leiter der Kriminalabteilung war Inspector James McWilliam, der durch die Aufklärung betrügerischer Finanzgeschäfte bekannt geworden war.

Trotz der räumlichen Nähe hatte die City Police bisher nichts mit den Verbrechen im East End zu tun gehabt. Dies änderte sich in den frühen Morgenstunden des 18. September, als PC John Johnson auf seinem Rundgang entlang der Straße Minories eine Frau *„Mord!“*[49] schreien hörte. Der Schrei kam aus einem kleinen Hof namens Three Kings' Court. Johnson lief sofort hinein und fand dort einen Mann und eine Frau. Der Mann war schmächtig und hatte einen grauen Bart. Johnson fragte ihn, was er da tue, und erhielt die schroffe Antwort *„Nichts.“*[50] Die Frau jedoch bat Johnson ängstlich: *„Herr Polizist, holen Sie mich hier raus!“*[51] Johnson begleitete das

Paar aus dem Hof und forderte den Mann auf, seiner Wege zu gehen. Der Mann, der ein steifes Bein zu haben schien, humpelte davon. Als er außer Sichtweite war, rief die Frau aus: *„Meine Güte. Er hat mir solche Angst eingejagt, als er das große Messer zückte."*[52] Johnson fragte entsetzt: *„Warum haben Sie mir das nicht gleich gesagt?"*[53] Sie antwortete: *„Ich hatte zu viel Angst."*[54] Johnson versuchte noch, den Mann zu finden, jedoch vergeblich. Der war mittlerweile außerhalb seines Zuständigkeitsbereiches, auf der Whitechapel High Street, wo er betrunken in Streit mit dem Besitzer eines Kaffeestands und einem Jugendlichen namens Alexander Freinberg geriet. Dabei zog er ein Messer mit langer Klinge und versuchte Freinberg zu erstechen. Er jagte ihn um den Kaffeestand herum, bis ein Polizist ihn stoppte und verhaftete. Bei dem Mann handelte es sich um den 40-jährigen Charles Ludwig, einen deutschen Friseur. Er wurde wegen Trunkenheit und gewalttätigen Verhaltens angeklagt und vor dem Thames Magistrates' Court zu einer Woche Haft verurteilt. Da die Polizei ihn aufgrund seines Verhaltens und seines Aussehens für einen möglichen Verdächtigen hielt, stellte sie Nachforschungen über ihn an. Am 25. September beantragte Inspector Abberline, ihn weiterhin in Untersuchungshaft zu behalten. Dem entsprach der Richter.

Am 19. September, dem vierten Tag der Untersuchung im Fall Annie Chapman, wurde Elizabeth Long in den Zeugenstand gerufen. Sie machte folgende Aussage:

„Auf der rechten Straßenseite vor dem Haus sah ich einen Mann und eine Frau, die sich auf dem Bürgersteig unterhielten. […] Das Gesicht des Mannes sah ich nicht, aber er wirkte dunkel. Er trug einen braunen, flachen Filzhut. Ich glaube, er hatte einen dunklen Mantel an, aber ich bin nicht sicher. So wie er aussah, schien er ein Mann von über vierzig Jahren zu sein. Er wirkte auf mich ein wenig größer als die Verstorbene [Anm. d. Autoren: Annie Chapman war etwa 1,52 m groß.]. *[…] Er sah wie ein Ausländer aus. […] Ich würde sagen, er sah, wie ich es nennen würde, schäbig-elegant aus. […] Ich hörte ihn zu ihr sagen „Wirst du?“ und sie antwortete „Ja.“ […] Ich sah nichts, das darauf hindeutete, dass einer von beiden betrunken war. […] Ich ging gegen fünf Uhr hinaus und erreichte den Spitalfields Market ein paar Minuten nach halb sechs.“*[55]

Die Presse berichtete ausführlich über die Untersuchungen, schmückte die Aussagen nach Belieben aus und erlebte eine umsatzstarke Zeit. Es lässt sich nicht jeder Bericht auf seinen Wahrheitsgehalt überprüfen. So schrieb *The Daily News* am 11. September von einer Emily Walton (in anderen Berichten wurde ihr Name zu Emily Walter(s)), die am 8. September um 2 Uhr nachts in der Hanbury Street von einem Mann in einen

Hinterhof gelockt und dort misshandelt worden sein soll.[56] Einen Tag vorher, am 10. September, hatte *The Daily Telegraph* bereits eine ähnliche Geschichte veröffentlicht, allerdings wurde die Frau nicht beim Namen genannt, die Uhrzeit war 2 Uhr 30 und es handelte sich um den Hinterhof der Hanbury Street 29. Da die Frau und ihre Geschichte in den Polizeiuntersuchungen keine Erwähnung finden, ist es nicht unwahrscheinlich, dass es sich hierbei um eine Erfindung der Zeitungen handelte. Im selben Artikel wurde auch ein Telegramm der Polizei an alle Dienststellen in und um London veröffentlicht, das eine Beschreibung des Mörders enthielt: Etwa 37 Jahre alt, mit dunklem Bart und ausländischem Akzent. Kleidung: dunkle Weste und Hose, schwarzer Schal und ein Filzhut sowie ein kurzes dunkles Jackett.[57]

Über einen weiteren Verdächtigen namens „Morford“ wurde am 24. September 1888 in *The Star* berichtet. Es hieß, dass die Polizei einen Brief eines Pfandleihers erhalten habe, bei dem ein Chirurg namens Morford, der bis zum 10. September in der Great Ormond Street gelebt haben soll, einige seiner Skalpelle in Zahlung gegeben hatte. Die Polizei versuchte erfolglos, „Morford“ zu finden.[58] Außer dem Zeitungsartikel gab es keine weiteren Hinweise auf seine Existenz. Auch in medizinischen Registern aus der Zeit ist niemand mit dem Namen „Morford“ aufgeführt.

Da die Polizei der Lösung der Fälle nicht näherkam, wurde die Zahl der Beamten in Whitechapel erhöht. Polizisten aus anderen Teilen Londons wurden in den Bezirk geschickt, manche in Zivil, einige angeblich sogar als Prostituierte verkleidet. Es gab täglich Befragungen und Hausdurchsuchungen, allerdings ohne Erfolg.

Viele Hinweise liefen ins Leere. Dies lässt sich auch an einem weiteren Beispiel aus dem oben genannten Brief von Sir Charles Warren wiedergeben. So schrieb er, die Polizei habe einen Brief einer anonymen Bordellbetreiberin bekommen, in dem sie mitteilte, dass ein Mann in ihrem Haus wohne, der am Morgen des Mordes an Annie Chapman blutverschmiert gesehen worden sei. Sie beschrieb sein Aussehen und wo man ihn finden könne. Als die Polizisten ihn aufspürte, flüchtete er. Die Verfasserin des Briefes konnte nicht identifiziert werden. *The Illustrated Police News* schrieb am 22. September dazu: *„Jeder „Hinweis“, den die Öffentlichkeit in ihrem Eifer, der Polizei zu helfen, gegeben hat, wurde verfolgt, jedoch ohne Ergebnis, und es wird befürchtet, dass durch den Ablauf der Zeit die Chancen verringert werden, den Täter zu entdecken.“*[59]

Ein Cartoon aus der Zeitschrift „Punch“ vom 22. September 1888

Die erfolglosen Ermittlungen führten täglich zu scharfer Kritik der Presse. Doch nicht nur das: Auch Sozialreformer, Kleriker und Mitglieder von Wohltätigkeitsorganisationen meldeten sich zu Wort und prangerten die Umstände und die Probleme im East End an.

Am 19. September schrieb Canon Barnett, Vikar der Kirche St. Jude's Church in der Commercial Street und Gründer der Toynbee Hall an *The Times:*

Samuel und Henrietta Barnett in Toynbee Hall (Portrait von Hubert von Herkomer)

„Sir, - die Schrecken von Whitechapel werden nicht umsonst gewesen sein, wenn ‚endlich' das öffentliche Gewissen erwacht, sich mit dem Leben auseinanderzusetzen, das diese Schrecken offenbart. Die Morde, so kann man fast sagen, mussten kommen; es kann nicht Generation auf Generation ungezügelten Geschlechtsverkehrs folgen, Kinder können nicht mit Szenen der Erniedrigung vertraut sein, eine kriminelle Gemeinschaft kann nicht die Gesellschaft zusammenhalten, wenn am Ende Frieden stehen soll. […] Der größere Teil Whitechapels ist genauso ordentlich wie jeder andere Teil Londons und das Leben vieler Einwohner ist moralischer als das vieler anderer, deren Laster durch mehr Reichtum verborgen bleibt. Im Umkreis einer Viertelmeile konzentriert sich das meiste Übel, und es sollte nicht unmöglich sein, ihm entschieden und angemessen zu begegnen."

Barnett schlug mehrere Ansätze zur Lösung der Probleme im Umkreis seiner Kirche St Jude's vor:

„1. Effiziente polizeiliche Überwachung. […] Das Innenministerium hat nie eine ausreichende Zahl von Polizeikräften genehmigt, um in den Verbrechervierteln für Ordnung zu sorgen. […]

2. Angemessene Beleuchtung und Reinigung. […] Zweifelsohne sind dunkle Gassen ein guter Nährboden für böse Taten. […]

3. Die Abschaffung der Schlachthöfe. Gegenwärtig werden täglich Tiere mitten in Whitechapel geschlachtet, die Metzger mit ihren Blutflecken sind den Passanten vertraut, und es sind Anblicke üblich, die dazu neigen, unwissende Naturen zu verrohen […].“[60]

Sarkastisch äußerte sich der Dramatiker George Bernard Shaw in einem Brief an *The Star* vom 24. September. Darin schrieb er, das öffentliche Interesse an den Armen und Hilflosen im East End stamme daher, dass ein *„unabhängiges Genie die Sache in die Hand genommen und einfach durch das Ermorden und Ausweiden von vier Frauen die kommerzielle Presse zu einer unbeholfenen Art von Kommunismus bekehrt hat. Was für eine schöne Moral […].“*[61]

Am 26. September wurde die Untersuchung von Annie Chapmans Tod abgeschlossen. In seinem Abschlussbericht rekonstruierte Coroner Baxter den Tathergang:

„…nachdem die beiden den Flur durchquert und die Schwingtür am Ende geöffnet hatten, stiegen sie die drei Stufen in den Hof hinab. Auf ihrer linken Seite befand sich eine Nische zwischen diesen Stufen und dem Zaun. Hier, einige Meter vom Haus und noch weniger vom Zaun entfernt, müssen sie gestanden haben. Der Schurke muss sich dann der Verstorbenen bemächtigt haben, vielleicht mit judas-ähnlicher Annäherung. Er packte sie am Kinn. Er drückte ihr die Kehle zu und verhinderte so den leisesten Schrei, während er gleichzeitig Bewusstlosigkeit und Erstickung herbeiführte. Es gab keine Hinweise auf einen Kampf. Die Kleidung war nicht zerrissen. Schon bei diesen Vorbereitungen scheint der Schuft gewusst zu haben, wie er sein schändliches Werk effizient ausführen kann. Die Verstorbene wurde dann auf den Boden und auf den Rücken gelegt; obwohl sie dabei möglicherweise leicht gegen den Zaun fiel, wurde diese Bewegung wahrscheinlich mit Sorgfalt ausgeführt. Dann wurde ihr mit brutaler Entschlossenheit an zwei Stellen die Kehle durchgeschnitten, und er fing mit den Verletzungen im Unterleib an. Alles geschah mit kühler Unverfrorenheit und rücksichtslosem Wagemut, aber vielleicht ist nichts auffälliger als die Entleerung ihrer Taschen und die Anordnung ihres Inhalts mit geschäftsmäßiger Präzision in der Nähe ihrer Füße. […] Es fehlten zwei Dinge. Ihre Ringe wurden ihr von den Fingern gezogen und sind seitdem nicht mehr auffindbar, und die Gebärmutter wurde entfernt. Der Körper wurde nicht seziert, aber die Verletzungen wurden von

jemandem gemacht, der beträchtliches anatomisches Geschick und Wissen hatte.

Es gibt keine sinnlosen Schnitte. Es wurde von jemandem durchgeführt, der wusste, wo er finden konnte, was er wollte, gegen welche Schwierigkeiten er zu kämpfen hätte, und wie er sein Messer benutzen sollte, um das Organ, ohne es zu verletzen, herauszunehmen.

Kein Laie hätte wissen können, wo es zu finden war oder hätte es erkannt, als er es gefunden hatte. Zum Beispiel hätte kein bloßer Schlachter von Tieren diese Operationen durchführen können. Es war jemand, der an die Obduktion gewöhnt war. Die Schlussfolgerung, dass der Wunsch war, den fehlenden Teil zu besitzen, scheint überwältigend.“[62]

Da der Coroner Organhandel als mögliches Motiv vermutete, hatte er eigene Nachforschungen angestellt, deren Ergebnisse er nun präsentierte. Im Pathologischen Museum hatte wenige Monate zuvor ein Amerikaner um einige Gebärmutter-Exemplare gebeten, um sie einer Veröffentlichung beizulegen, an der er gerade arbeitete. Statt in das übliche Medium Alkohol sollten sie in Glyzerin gelegt werden, um sie in einem schlaffen Zustand zu erhalten. Sie sollten direkt nach Amerika geschickt werden, und er war bereit, für jedes Organ 20 Pfund zu zahlen. Obwohl sein Anliegen abgelehnt wurde, beharrte der Amerikaner darauf, und er trat mit dieser Bitte auch an eine ähnliche Einrichtung heran. Baxter mutmaßte, dass der Täter Annie

Chapmans Gebärmutter mitgenommen hatte, um sie an den Amerikaner zu verkaufen.

Während die Presse sich auf diese Theorie stürzte und durch ihre Berichterstattung dafür sorgte, dass das Bild eines Arztes als Mörder auch heute noch populär ist, beeilte das *British Medical Journal* sich, diese Theorie zu widerlegen. Es hatte im Jahr zuvor tatsächlich Anfragen eines ausländischen Arztes von hohem Ansehen gegeben, der für wissenschaftliche Untersuchungen bestimmte Körperteile benötigte. Jedoch war keine große Summe angeboten worden und der Arzt hatte London achtzehn Monate zuvor verlassen.

Die Polizei stand also weiter vor einem großen Rätsel. Der Täter hatte keine Spuren hinterlassen und es gab kein nachvollziehbares Motiv. Seine Opfer führten ihn anscheinend selbst an die Tatorte, da sie als Prostituierte die abgelegenen Plätze kannten. Melville Macnaghten, der 1890 Assistant Commissioner der Metropolitan Police wurde, schrieb in seinen Memoiren: *„Die Opfer gehörten ohne Ausnahme zum Abschaum der weiblichen Menschheit, der die Polizei mied und großen Einfallsreichtum bewies, um in den dunkelsten Ecken der abgelegensten Gassen bleiben zu können.“*[63] Tatsächlich gingen die Frauen in der Gegend ihrem Gewerbe weiterhin nach, wenn auch in großer Angst.

In welcher Gefahr sie schwebten, zeigte sich erneut am 30. September 1888.

„Nemesis of Neglect“, Zeichnung aus dem Magazin „Punch“ vom 29. September 1888

Die Nacht des Doppelmordes

In der Nacht vom 29. auf den 30. September regnete es stark. Seit dem Abend fand im International Working Men's Educational Club in der Berner Street 40, der 1884 von einer Gruppe jüdischer Sozialisten gegründet worden war, eine Versammlung statt. Zwischen 23 Uhr 30 und 23 Uhr 45 verließ eines der Mitglieder, Morris Eagle, den Club, um seine junge Begleiterin nach Hause zu bringen.

Ein weiteres Mitglied, William West, ging gegen 0 Uhr 10 aus der Seitentür des Clubs in den kleinen Innenhof Dutfield's Yard und von dort in die Druckerei der sozialistischen Zeitung *Arbeter Fraint*, wo der Redakteur Philip Krantz arbeitete. West legte einige Unterlagen ab und kehrte durch den stockdunklen Hof zurück in den Club. Von dort machte er sich mit seinem Bruder und einem Mann namens Louis Stansley auf den Heimweg über die Berner Street Richtung Fairclough Street, ohne jemanden zu treffen.

Um 0 Uhr 30 ging Charles Letchford, der in der Berner Street 30 wohnte, die Straße entlang. Auch er sah keine Menschenseele.

Als Morris Eagle um 0 Uhr 35 zum Club zurückkehrte, war die Eingangstür verschlossen, sodass er durch Dutfield's Yard ging und das Gebäude durch die Hintertür betrat.

Etwa fünf Minuten später trat Joseph Lave aus dem Club in den kleinen Hof, um ein wenig Luft zu schnappen.

Charles Letchfords Schwester, die ebenfalls in der Berner Street wohnte, ging um 0 Uhr 55 auf die Straße, die sie menschenleer vorfand.

Berner Street im Jahr 1909
Der Eingang zu Dutfield's Yard ist unter dem Rad, der International Working Men's Educational Club rechts daneben

Um 1 Uhr kehrte Louis Diemschutz, der Verwalter des International Working Men's Educational Club, in seinem Ponywagen in die Berner Street zurück. Er kam vom Westow Hill Market, nahe Crystal Palace, wo er den Tag über billigen Schmuck verkauft hatte. Als er sein Gefährt in Dutfield's Yard lenken wollte, scheute sein Pony und weigerte sich, weiterzugehen. Diemschutz machte in der Dunkelheit etwas auf dem

Boden aus und versuchte, es vom Kutschbock aus mit seiner Peitsche zur Seite zu schieben. Als dies nicht gelang, sprang er hinunter, zündete ein Streichholz an, das im Wind fast sofort erlosch, und erkannte, dass eine Frau auf dem Boden lag. Da er zunächst vermutete, es könne sich um seine Frau handeln, ging er durch den Seiteneingang in den Club, wo er sie unversehrt vorfand. Er berichtete mehreren Clubmitgliedern, dass eine Frau im Hof liege, er aber nicht sagen könne, ob sie betrunken oder tot sei.

Zwei Clubmitglieder, Isaac Kozebrodsky und Morris Eagle, begleiteten Diemschutz in den Hof zurück. Im Schein einer Kerze sahen sie Blut und stellten entsetzt fest, dass die Kehle der Frau durchtrennt worden war.

Aus „The Penny Illustrated Paper“ vom 6. Oktober 1888

Die Männer stürmten aus dem Hof und eilten in die umliegenden Straßen, um einen Polizeibeamten zu finden. Diemschutz und Isaac Kozebrodsky liefen die Fairclough Street entlang, während Morris Eagle Richtung Commercial Road rannte. Alle drei riefen lauthals um Hilfe. In einigen Berichten heißt es, dass nicht Kozebrodsky, sondern ein Mann namens Jacobs mit Diemschutz loslief.

Diemschutz und sein Begleiter erregten an der Kreuzung zur Christian Street die Aufmerksamkeit von Edward Spooner, der vor einem Pub stand. Er wollte wissen, was los war, und sie erzählten ihm aufgeregt von der toten Frau. Darauf begleitete er sie zu Dutfield's Yard, wo sich bereits etwa 15 Personen versammelt hatten. Spooner hob das Kinn der Frau an und stellte fest, dass es leicht warm war. Aus der Wunde lief Blut bis zur Tür des Clubs. In der rechten Hand hielt die Frau ein Päckchen mit Pfefferminzbonbons.

Morris Eagle kehrte kurz darauf in Begleitung von PC Henry Lamb und PC Edward Collins zu Dutfield's Yard zurück, wo die Menge sich inzwischen auf 20 bis 30 Personen belief. Lamb hielt die Schaulustigen zurück und sandte Collins los, um Dr Frederick William Blackwell zu holen, der in der Commercial Road 100 wohnte. Dann schickte er Morris Eagle zur Leman Street Police Station, um weitere Unterstützung anzufordern.

PC Lamb befühlte das Gesicht der Frau und bemerkte, dass es noch leicht warm war, konnte jedoch keinen Puls mehr feststellen. Dr Blackwell traf um 1 Uhr 16 in Dutfield's Yard ein und stellte den Tod der Frau fest, der seiner Meinung nach 20 bis 30 Minuten zuvor eingetreten war. PC Lamb ordnete an, die Tore zu Dutfield's Yard zu schließen und forderte alle Anwesenden auf, dort zu bleiben. Dann führte er eine Durchsuchung des Clubs durch und untersuchte die Hände und die Kleidung der Anwesenden auf Blutspuren.

Anschließend weckte er die Bewohner der angrenzenden Häuser. Diese hatten jedoch nichts mitbekommen. Zurück im Hof traf er auf Inspector West, Inspector Pinhorn und Dr Bagster Phillips. Inspector Reid wurde um 1 Uhr 25 Uhr per Telegramm alarmiert und fuhr von der Commercial Street Police Station zur Berner Street. Die Ärzte Dr Bagster Phillips und Dr Blackwell untersuchten die tote Frau. Ihre Kehle war durchtrennt worden, es gab allerdings keine weiteren Verletzungen. Währenddessen wurden die Anwesenden im Hof verhört, durchsucht und ihre Personalien aufgenommen. Anschließend wurde eine gründlichere Durchsuchung der anliegenden Häuser durchgeführt und die Namen der Bewohner wurden ermittelt. Dabei keimte kurz die Hoffnung auf, den Mörder zu finden, denn die Polizei fand die Tür eines Dachbodens von innen verschlossen vor. Als die Beamten sie aufbrachen, war der Dachboden jedoch leer.

Während die polizeilichen Untersuchungen in Dutfield's Yard stattfanden, war PC Edward Watkins von der City Police etwa eine Meile weiter westlich auf seiner Patrouille. Um 1 Uhr 44 Uhr bog er von der Leadenhall Street in die Mitre Street und von dort auf den Mitre Square ab. Als er mit seiner Laterne in die südliche Ecke des Platzes leuchtete, sah er etwas, das ihn vor Entsetzen zurücktaumeln ließ.

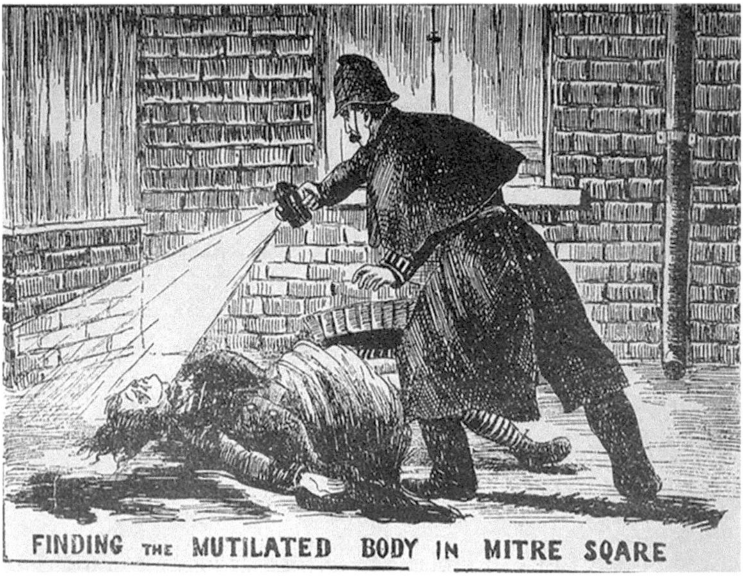

Aus „The Illustrated Police News" vom 6. Oktober 1888

Dort lag eine tote Frau auf dem Rücken mit durchtrennter Kehle in einer Blutlache, ihre Kleider waren bis über ihre Taille hochgezogen. Ihr Gesicht war durch mehrere Schnitte verstümmelt worden. Sie war aufgeschlitzt worden, ihre Eingeweide waren herausgezogen und über ihre rechte Schulter gelegt worden. PC Watkins rannte über den Platz zum Lagerhaus von Kearley and Tonge, da er wusste, dass dort der pensionierte Polizist George Morris als Nachtwächter arbeitete. *„Um Gottes willen, Kumpel“*, rief Watkins, *„komm und hilf mir.“*[64] Morris holte seine Lampe, folgte Watkins hinaus und fragte, was los sei. *„Hier ist noch eine Frau zerstückelt worden“*[65], antwortete Watkins entsetzt. Sie warfen einen Blick auf die Leiche, dann rannte Morris die Mitre Street in Richtung Aldgate entlang und blies mit seiner Trillerpfeife Alarm.

Skizze der Leiche vom Mitre Square

Auf dem Weg traf er die Constables Harvey und Holland, die ihn zum Mitre Square begleiteten. Holland holte Dr George Sequeira aus der nahe gelegenen Jewry Street. Der kam um 2 Uhr am Tatort an und stellte den Tod der Frau durch Durchtrennen der Luftröhre und der Halsschlagader fest. Er wartete für weitere Untersuchungen die Ankunft des Arztes der City Police, Dr Frederick Gordon Brown ab. Da dieser Mord im Gegensatz zu den vorherigen Taten in der City of London begangen wurde, fiel er in den Zuständigkeitsbereich der City Police, nicht der Metropolitan Police.

Mittlerweile waren die Detectives Daniel Halse, Robert Outram und Edward Marriott von der City Police am Mitre Square eingetroffen. Sie waren nur eine Straßenecke entfernt an der Kirche St Botolph's Aldgate gewesen und hatten in dieser Nacht Beamte in der Gegend auf Patrouille geschickt. Trotzdem war es dem Mörder gelungen, unbemerkt seine Gräueltat zu verrichten und zu fliehen.

Aus „The Illustrated Police News" vom 6. Oktober 1888

Inspector Edward Collard von der Bishopsgate Police Station und Superintendent James McWilliam, Leiter der Kriminalabteilung der City Police, erschienen ebenfalls am Tatort. Es wurde angeordnet, die Straßen und Häuser um den Mitre Square zu durchsuchen und Befragungen durchzuführen. Mehrere Passanten wurden angehalten und verhört, jedoch ohne Erfolg. Die diensthabenden Feuerwehrleute der

Metropolitan Fire Escape Station in St James Place, einer unmittelbar an den Mitre Square grenzenden Straße, hatten nichts bemerkt. Das galt auch für City Police Constable Richard Pearce, der am Mitre Square 3 wohnte und von seinem Schlafzimmerfenster den Tatort sehen konnte. Auch der Nachtwächter George Morris konnte sich nicht erklären, warum er nichts von dem Verbrechen mitbekommen hatte, wie die *Illustrated Police News* später berichtete:

„Er konnte die Schritte des Polizisten hören, der jede Viertelstunde seine Runde drehte, sodass es ihm unmöglich schien, nicht mitzubekommen, wenn die Frau einen Laut von sich gegeben hätte. Erst in der Nacht hatte er zu einem Polizisten gemeint, dass er wünschte, der „Schlachter“ würde am Mitre Square vorbeikommen, und er würde ihm eine Abreibung verpassen, doch der „Schlachter“ war gekommen, und er hatte nichts davon mitbekommen.“[66]

Auch DC Halse durchsuchte die umliegenden Straßen. Nachdem er die Middlesex Street durchquert hatte, traf er in der Wentworth Street auf zwei Passanten, die nach eingehender Befragung nicht mit der Tat in Verbindung gebracht werden konnten. Danach ging er zur Goulston Street, die er um 2 Uhr 20 erreichte. Dort war alles unauffällig und er kehrte zum Mitre Square zurück. Die Verstorbene wurde in die Leichenhalle in der Golden Lane gebracht, wo Halse bemerkte, dass ein Teil ihrer Schürze fehlte.

Gegen 2 Uhr 55 befand sich PC Alfred Long von der Metropolitan Police auf seiner Patrouille in der Goulston Street. Er war einer der Polizisten, die nach dem Mord an Annie Chapman zusätzlich in der Gegend eingesetzt worden waren. Vor der Eingangstür der Wentworth Modell Dwellings 108 bis 119 fand er das fehlende Schürzenstück der getöteten Frau. Es war mit Blut und Fäkalien befleckt, teilweise nass und es schien, als sei die Klinge eines Messers daran abgewischt worden. Long war sich sicher, dass das Schürzenstück auf seiner Patrouille um etwa 2 Uhr 20 noch nicht dort gelegen hatte. Ebenso wenig hatte DC Halse, der zur gleichen Zeit in der Goulston Street gewesen war, es bemerkt. Long vermutete zunächst, es sei jemand im Haus angegriffen und verletzt oder sogar getötet worden. Deshalb leuchtete er Richtung Treppenhaus und bemerkte eine mit Kreide geschriebene Nachricht an der Wand direkt über dem Schürzenstück: *„The Juews are the men That Will not be Blamed for nothing."*[67]

Wenige Augenblicke später traf ein weiterer Beamter ein. Long trug ihm auf, das Gebäude und die Gegend zu bewachen, während er den Teil der Schürze zur Commercial Street Police Station brachte und dort einem Inspector übergab.

In Anbetracht der aufgeheizten antisemitischen Stimmung in der Gegend und vor allem, weil die Wentworth Model Dwellings fast ausschließlich von Juden bewohnt wurden, befürchtete die Metropolitan Police, dass das Bekanntwerden der

Nachricht zu weiteren Angriffen auf die jüdische Bevölkerung führen würde. Daher wurde angeordnet, die Nachricht wegzuwischen. Die Beamten der City Police, die nun ebenfalls in der Goulston Street eingetroffen waren, sahen die Kreidenachricht hingegen als wichtiges Indiz in ihrer Mordermittlung und beharrten darauf, sie zu fotografieren. Ihre Kollegen von der Metropolitan Police gaben zu bedenken, dass man dafür warten müsse, bis es hell sei. Erschwerend kam hinzu, dass bis dahin der Petticoat Lane-Sonntagsmarkt begonnen hätte. Hier trafen jede Woche tausende nicht-jüdische Kunden auf jüdische Händler und es gab keine Möglichkeit, die Nachricht vor diesen Menschenmassen zu verbergen.

Markt auf der Middlesex Street ca. 1890

DC Daniel Halse schlug als Kompromiss vor, die oberste Zeile *„The Juwes are"* zu entfernen. Darauf ließen sich die Beamten der Metropolitan Police nicht ein. Die Diskussion endete erst, als zwischen 5 Uhr und 5 Uhr 30 Sir Charles Warren in der Goulston Street eintraf. Da sie zum Zuständigkeitsbereich der Metropolitan Police gehörte, lag die Entscheidungsgewalt bei ihm. Er ließ die Nachricht unverzüglich wegwischen, bevor ein Foto davon gemacht werden konnte.

Sir Charles betrachtet die Kreidenachricht (Zeichnung aus „The Illustrated Police News" vom 20. Oktober 1888)

Dies führte zu Spannungen in der Zusammenarbeit der beiden Polizeieinheiten. Major Smith, Police Commissioner der City of London Police, hielt Warrens Entscheidung für einen gewaltigen Fehler und konnte seine Verachtung in den folgenden Tagen und Wochen kaum verbergen. Tatsächlich hatte Warrens Anordnung noch weiterreichende Folgen: Da die Nachricht weggewischt worden war, gab es unterschiedliche Meinungen über den genauen Wortlaut und die Schreibweise. Während PC Alfred Long meinte, dass dort *„The Juews are the men That Will not be Blamed for nothing"* gestanden habe, war DC Daniel Halse sicher, dass es *„The Juwes are not the men That Will be Blamed for nothing"*[68] geheißen hatte. Donald Swanson, CID der Metropolitan Police, bei dem alle Informationen über den Fall zusammenliefen, gab den Wortlaut als *„The Juwes are the men who will not be blamed for nothing"*[69] an.

Während die Beamten der City Police und der Metropolitan Police noch in der Goulston Street diskutierten, wurde um 4 Uhr 30 Uhr die Leiche des ersten Opfers dieser Nacht aus Dutfield's Yard in der Berner Street zur St. George's Leichenhalle in die Cable Street gebracht. Um 5 Uhr morgens wusch PC Edward Albert Collins das Blut aus dem Hof.

Die Nacht des 30. September 1888 war vorbei und der Herbst des Schreckens hatte mit dem sogenannten „Double Event" seinen vorläufigen Höhepunkt erreicht.

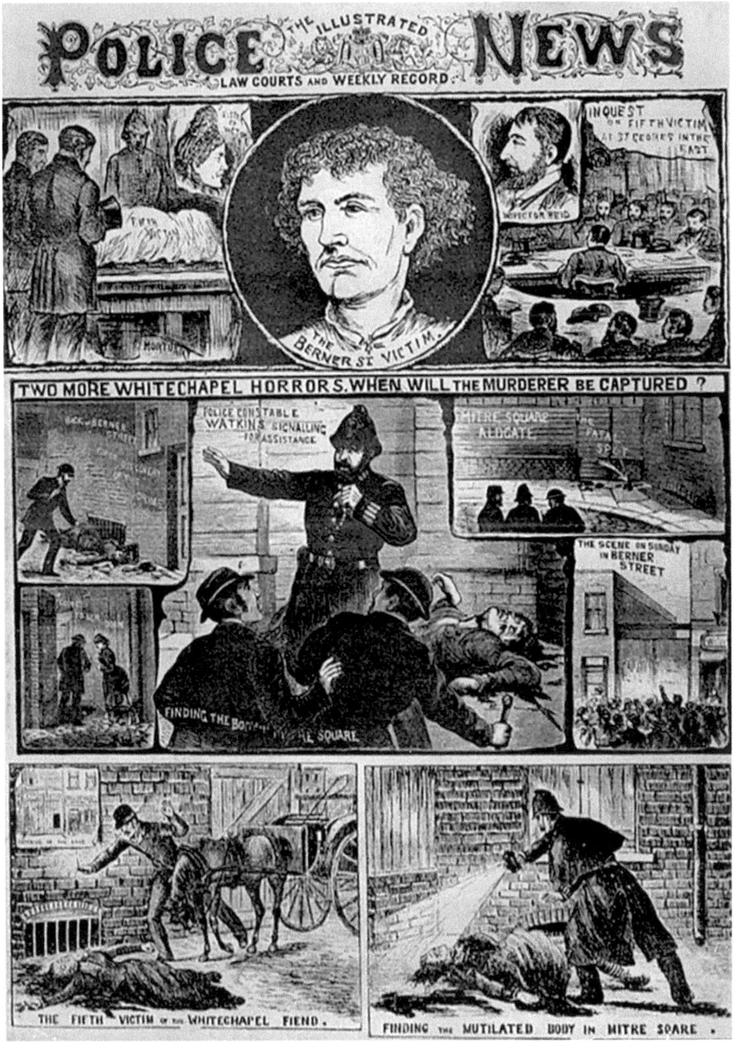

„The Illustrated Police News" vom 6. Oktober 1888

Elizabeth Stride

Am 1. Oktober wurde die ermordete Frau aus der Berner Street als Elizabeth Stride identifiziert. Stride war Schwedin und als Elisabeth Gustafsdotter am 27. November 1843 auf einem Bauernhof in Torslanda, nördlich von Göteborg geboren worden. Mit 17 Jahren arbeitete sie als Hausmädchen. In ihren frühen Zwanzigern jedoch hatte sich das geändert. Im März 1865 wurde sie von der Polizei in Göteborg wegen Prostitution verhaftet. Im selben Jahr erlebte sie eine Totgeburt. Außerdem starb ihre Mutter und Elisabeth nutzte ihr Erbe, um im Folgejahr, 1866, nach London auszuwandern. 1869 heiratete sie den Schreiner John Thomas Stride, wohnhaft am Regent's Park, und gemeinsam eröffneten sie eine Kaffeestube in Poplar. In späteren Jahren erzählte sie, dass ihr Ehemann und zwei ihrer neun Kinder beim Untergang des Raddampfers „Princess Alice" 1878 ums Leben gekommen seien. Dies stimmte jedoch nicht: Das Paar hatte keine Kinder und John Stride starb 1884 an einer Herzkrankheit oder Tuberkulose. Zu diesem Zeitpunkt lebte das Paar jedoch längst getrennt. Elizabeth Stride hatte begonnen zu trinken und war 1882 in die Flower and Dean Street in Spitalfields gezogen. In den folgenden Jahren stand sie häufig wegen Trunkenheit, ungebührlichen Verhaltens und obszöner Ausdrucksweise vor dem Amtsgericht, und es war bekannt, dass sie als Prostituierte ihren Unterhalt verdiente.

Phasenweise lebte sie mit dem Hafenarbeiter Michael Kidney zusammen, der über sie sagte: *„Es war die Trinkerei, wegen der sie wegging... Sie kam immer wieder zurück, ohne dass ich etwas tun musste. Ich glaube, sie mochte mich lieber als andere Männer.“*[70] Das letzte Mal sah er Elizabeth Stride am 25. September 1888.

Elizabeth Stride war zu diesem Zeitpunkt 44 Jahre alt, sah aber den Berichten nach jünger aus. Sie war 1,67 m groß, daher auch als „Long Liz“ bekannt und hatte lockiges, braunes Haar. Am Nachmittag des 29. September putzte sie zwei Zimmer des Common Lodging House in der Flower and Dean Street 32, wo sie die letzten sechs Jahre mit Unterbrechungen gewohnt hatte. Nachdem sie von der stellvertretenden Verwalterin Elizabeth Tanner ihren Lohn von sechs Pence erhalten hatte, gingen sie zusammen zum nahe gelegenen „Queen's Head“ Pub an der Kreuzung Fashion Street und Commercial Street. Dort hielten sie sich von 18 Uhr 30 bis 19 Uhr auf. Zurück in der Unterkunft machte Elizabeth Stride sich zum Ausgehen bereit und fragte ihren Mitbewohner Charles Preston nach einer Kleiderbürste. Nach einem kurzen Gespräch mit einer Mitbewohnerin, Catherine Lane, verließ Elizabeth Stride gegen 19 Uhr 30 die Unterkunft laut Wärter Thomas Bates in guter Laune. Für die Nacht hatte sie dort kein Bett gebucht.

Um 23 Uhr sahen J. Best und John Gardner sie in Begleitung eines Mannes, der in ihren Augen eindeutig ein Engländer war, im Pub „The Bricklayer's Arms" in der Settles Street 34. Der Mann war etwa 1,67 m groß, mit schwarzem Schnauzbart und entzündeten wimpernlosen Augen, bekleidet mit einem schwarzen Cutaway sowie mit Mantel und Melone. Laut Best stand sein Verhalten der Frau gegenüber im Gegensatz zu seiner förmlichen Erscheinung. Er umarmte und küsste sie, und die beiden Männer begannen ihn aufzuziehen, allerdings reagierte er nicht darauf. Daher wandten sie sich augenzwinkernd an die Frau: *„Pass auf, das ist Leather Apron, mit dem du es da zu tun hast!"*[71] Daraufhin verließ das Paar blitzartig das Pub. Best und Gardner sahen es durch den Regen in Richtung Commercial Road davoneilen. Die beiden Männer wurden nicht zur Untersuchung des Todesfalls vorgeladen, ihre Aussagen erschienen lediglich in der *Evening News* am 1. Oktober 1888.

Gegen 23 Uhr 45 stand der Arbeiter William Marshall vor seinem Haus in der Berner Street 64 und beobachtete einen Mann und eine Frau gegenüber von Haus Nr. 58, zwischen Fairclough Street und Boyd Street. Zu dieser Zeit hatte es aufgehört zu regnen. Laut Marshall schienen beide nüchtern zu sein. Sie unterhielten sich und erregten Marshalls Aufmerksamkeit, als sie begannen sich zu küssen. Da es dunkel war, konnte er das Gesicht des Mannes nicht erkennen, die Kleidung aber konnte er beschreiben. Der Mann trug einen schwarzen Cutaway, dunkle Hosen und eine Schirmmütze, ähnlich der eines Seemanns. Laut Marshall war er mittleren Alters, stämmig, etwa 1,70 m groß und gut gekleidet wie ein Geschäftsmann. Er hörte den Mann zu der Frau sagen: *„Du würdest alles sagen, außer deinen Gebeten."*[72] Das Paar entfernte sich dann in Richtung Working Men's Educational Club und Dutfield's Yard und Marshall ging um 0 Uhr in seine Wohnung.

Eingang zu Dutfield's Yard in der Berner Street

PC William Smith

Um 0 Uhr 30 Uhr war PC William Smith auf seinem Rundgang in der Berner Street und kam an einem Mann und einer Frau vorbei, die sich auf dem Bürgersteig gegenüber von Dutfield's Yard unterhielten. Er hatte den Eindruck, dass beide nüchtern waren. Von ihrem Gespräch konnte er nichts verstehen. Er sah, dass die Frau eine rote Blume an ihrer Jacke trug. Sowohl Marshall als auch PC Smith identifizierten die Frau, die sie gesehen hatten, später als Elizabeth Stride. Auch Smith beschrieb den Mann als „respektabel" aussehend, etwa 1,73 m bis 1,76 m groß, ungefähr 28 Jahre alt, mit einen Deerstalker und einem dunklen Cutaway bekleidet. In seiner Hand hielt er ein in Zeitungspapier gewickeltes Päckchen von etwa 45 cm Länge und 15-20 cm Breite.

Eine weitere wesentliche Aussage machte ein polnischer Jude namens Israel Schwartz (in den zeitgenössischen Berichten als ungarisch bezeichnet). Die Zusammenfassung, die Chief Inspector Swanson am 19. Oktober verfasste, hat folgenden Inhalt:

„*0 Uhr 45, 30* [September, Anm. d. Autoren]. *Israel Schwartz aus der Helen Street 22* [Anm. d. Autoren: richtige Schreibweise Ellen Street], *Backchurch Lane, behauptete, als er um diese Zeit von der Commercial Road in die Berner Street einbog & bis zu dem Torbogen gekommen war, wo der Mord verübt wurde, dass er einen Mann anhalten und eine Frau ansprechen sah, die in dem Torbogen stand. Der Mann versuchte, die Frau auf die Straße zu ziehen, schubste sie herum und warf sie auf den Fußweg & die Frau schrie dreimal, aber nicht sehr laut. Als er die Straßenseite wechselte, sah er dort einen zweiten Mann stehen, der seine Pfeife anzündete. Der Mann, der die Frau zu Boden geworfen hatte, rief dem auf der anderen Straßenseite offenbar „Lipski" zu* [Anm. d. Autoren: Seitdem Israel Lipski ein Jahr zuvor eine Straße weiter seine Mitbewohnerin ermordet hatte, kursierte dieser Begriff in der Gegend als Schimpfwort für Juden.] *& dann ging Schwartz weiter, bemerkte aber, dass er von dem zweiten Mann verfolgt wurde und rannte bis zur Eisenbahnunterführung, aber der Mann folgte ihm nicht so weit.*

Schwartz kann nicht sagen, ob die beiden Männer zusammengehören oder sich kennen. Als er in die Leichenhalle gebracht wurde, identifizierte Schwartz die Leiche als die Frau, die er gesehen hatte & er beschreibt den ersten Mann, der die Frau niedergeworfen hatte: Ungefähr 30 Jahre alt, 1,67 m groß, helle Haut, dunkles Haar, kleiner brauner Schnurrbart, ein volles Gesicht, breitschultrig, bekleidet mit dunkler Jacke und Hose und schwarzer Schirmmütze. Er hielt nichts in seinen Händen.

Zweiter Mann Alter 35, 1,80 m groß, frisches Aussehen, hellbraune Haare, brauner Schnurrbart, bekleidet mit einem dunklen Mantel und einem alten, schwarzen steifen Filzhut mit breiter Krempe, hatte eine Tonpfeife in seiner Hand.“[73]

Inspector Swanson bemerkte in seinem Bericht: „*Wenn man Schwartz Glauben schenken kann, woran der Polizeibericht keinen Zweifel lässt, folgt daraus, dass sie* [Smith und Schwartz, Anm. d. Autoren] *unterschiedliche Männer beschreiben und dass der Mann, den Schwartz sah und beschrieb, wahrscheinlich eher der Mörder ist...*“[74] Trotzdem wurde Schwartz zu der gerichtlichen Untersuchung nicht als Zeuge vorgeladen.

Israel Schwartz sprach und verstand kein Englisch. Deshalb wurde seine Aussage bei der Polizei mithilfe eines Dolmetschers aufgenommen. Möglicherweise ist es dieser Tatsache geschuldet, dass seine Aussage bei der Polizei sich in wesentlichen Details von Interviews unterscheidet, die er – ebenfalls mithilfe eines Dolmetschers – Journalisten gab.

So schreibt *The Star*, dass die Frau nicht auf die Straße, sondern in den Hof gestoßen worden sei. Schwartz sei daraufhin weitergegangen und habe sich erst umgedreht, als er mitbekommen habe, dass die Auseinandersetzung zwischen den beiden weiterging. Daraufhin sei der zweite Mann aus einem Pub auf der anderen Straßenseite gekommen, habe den Angreifer angeschrien und sei zu den beiden gelaufen, möglicherweise, um der Frau zu helfen. Der zweite Mann habe dabei ein Messer in der Hand gehabt.[75]

Ein weiterer Zeuge, James Brown, gab in der Untersuchung an, dass er ungefähr zur selben Zeit, um 0 Uhr 45, eine Frau und einen Mann an der Board School an der Ecke Fairclough Street/Berner Street gesehen habe. Er konnte nicht hundertprozentig sagen, ob es sich um Elizabeth Stride gehandelt hatte. Auch hatte er keine Blume an ihrer Kleidung bemerkt. Der Mann war ihm zufolge mit einem langen, dunklen Mantel bekleidet, ca. 1,74 m groß und von durchschnittlicher Statur gewesen. Brown konnte nicht sagen, ob er eine Kopfbedeckung getragen hatte. Die beiden hatten einen nüchternen Eindruck gemacht. James Brown beschrieb das Paar nicht weiter, aber in der Zusammenfassung der Untersuchung erwähnte Coroner Baxter, dass Brown gehört hatte, wie die Frau *„Nicht heute Nacht, sondern ein anderes Mal“*[76] gesagt habe. Brown ging nach Hause in die Fairclough Street, aß zu Abend und bemerkte nichts Ungewöhnliches, bis er um kurz nach 1 Uhr draußen die Schreie *„Mord!“* und *„Polizei!“*[77] hörte.

Im Club der International Working Men's Educational Association sangen und diskutierten 20 bis 30 Leute, nachdem sie einen Vortrag darüber gehört hatten, warum Juden Sozialisten sein sollten. Sie bekamen von den Ereignissen draußen nichts mit. Ihre Fröhlichkeit wurde erst unterbrochen, als sie von dem grausigen Fund in ihrem Hof hörten.

Mrs Fanny Mortimer aus der Berner Street 36, drei Türen von Dutfield's Yard entfernt, stand zwischen 0 Uhr 30 und 1 Uhr in ihrer Tür. Sie sah in dieser Zeit nur eine Person in der Berner Street, einen jungen Mann, der eine schwarze, glänzende Tasche trug. Nachdem sie ins Haus gegangen war, um zu schlafen, hörte sie draußen Lärm. Sie lief wieder hinaus, wo sie erfuhr, dass es einen Mord in Dutfield's Yard gegeben hatte.

Elizabeth Stride in der Leichenhalle

Bei der gerichtlichen Untersuchung erklärte Dr Blackwell, der als erster Mediziner zum Tatort gekommen war, dass der Mörder seiner Meinung nach Elizabeth Strides Seidenschal ergriffen und sie rückwärts auf den Boden gezogen hatte. Entweder war ihre Kehle im Stehen oder während sie nach hinten gezogen worden war, durchtrennt worden. Damit war sie nicht mehr in der Lage gewesen, zu schreien und verblutete vermutlich innerhalb von eineinhalb Minuten.

Am Morgen des 30. September, um 9 Uhr, befragte Sergeant Stephen White die Bewohner der Berner Street. Der

Obst- und Gemüsehändler Matthew Packer aus der Berner Street 44 erklärte, er und seine Frau hätten nichts Ungewöhnliches gesehen oder gehört. Drei Tage später wurde Packer erneut aufgesucht, diesmal jedoch von den Privatdetektiven Le Grand und Batchelor, die von der *Evening News* und dem Whitechapel Vigilance Committee angeheuert worden waren. Ihnen erzählte Packer, er habe in der Nacht des Mordes gegen 23 Uhr 45 Weintrauben aus seinem Schaufenster an einen Mann und eine Frau verkauft. Das Paar sei auf seinem Weg Richtung Commerical Road an seinem Fenster vorbeigekommen. Packer hatte den Mann und die Frau vorher neben dem International Working Men's Educational Club stehen sehen, wo sie einige Minuten lang der Musik zugehört hatten. Nachdem sie die Trauben bei Packer gekauft hatten, wechselten sie die Straßenseite der Berner Street und blieben etwa eine halbe Stunde an der Schule dort stehen. Dann schloss Packer seine Fensterläden.

Nachdem die Polizei von dieser Aussage erfahren hatte, wurde Sergeant White erneut zu Packer geschickt, um ihn zu befragen. Mrs Packer teilte ihm mit, ihr Mann sei von den beiden Privatdetektiven in die Leichenhalle gebracht worden. Auf dem Weg dorthin traf White auf die Männer. Packer hatte die Tote als die Frau erkannt, die bei ihm Trauben gekauft hatte.

Le Grand und Batchelor brachten Packer daraufhin zu Scotland Yard, wo er von Sir Charles Warren persönlich befragt werden sollte. Packer machte bei der Polizei und gegenüber Reportern widersprüchliche Aussagen über das Paar, das, wie er sagte, aus Richtung Back Church Lane die Straße hinaufgekommen sei. Der Mann habe wie ein Angestellter auf ihn gewirkt. Er beschrieb ihn als 25-30 Jahre alt, etwa 1,74 m groß (4 cm – 7 cm größer als die Frau), mit einem langen, schwarzen, zugeknöpften Mantel und einem weichen Filzhut, jedoch ohne Handschuhe. Der Mann habe breite Schultern gehabt und schnell und mit heiserer Stimme gesprochen. Packer hatte ihm ein halbes Pfund blaue Trauben für drei Schilling verkauft. Die Frau hatte laut Packers Aussage ein schwarzes Kleid und eine schwarze Jacke mit Pelzkragen sowie eine schwarze Krepphaube getragen. Sie hatte mit einer rot-weißen Blume gespielt, die wie eine Geranie aussah. Bei Scotland Yard behauptete Packer, er habe die Trauben bereits um 23 Uhr an das Paar verkauft und dann seine Läden geschlossen. Aufgrund der Ungereimtheiten in seinen Aussagen wurde Packer nicht als Zeuge bei der Untersuchung des Todes von Elizabeth Stride vorgeladen.

Laut einigen Zeitungen erfuhren die beiden Privatdetektive außerdem von zwei Frauen, Mrs Rosenfield und ihrer Schwester Eva Harstein, dass diese nach dem Mord einen Traubenstiel in Dutfield's Yard gesehen hatten. Dr George

Bagster Phillips wies in der Untersuchung allerdings darauf hin, dass *„die Verstorbene innerhalb vieler Stunden vor ihrem Tod weder Schale noch Kerne einer Traube“*[78] zu sich genommen hatte.

Wie Packer wurde auch Mrs Mortimer nicht als Zeugin vorgeladen. Der Mann mit der Tasche, den sie gesehen hatte, war Leon Goldstein. Dieser war am Tag nach dem Mord zur Leman Street Police Station gegangen, nachdem er ihre Aussage in der Zeitung gelesen hatte. Dort erzählte er folgendes: Er hatte ein Kaffeehaus in der Spectacle Alley verlassen und war auf dem Weg nach Hause in die Christian Street Nr. 22 mit einer Tasche voller leerer Zigarettenschachteln an Mrs Mortimer vorbeigegangen.

Ein blutverschmiertes Messer sorgte in der Nacht von Sonntag auf Montag, den 1. Oktober, für Aufsehen. Ein Arbeiter namens Thomas Coram hatte es vor einem Haus in der Whitechapel Road gefunden und PC Joseph Drage darauf aufmerksam gemacht. Der hatte das Messer zuvor nicht bemerkt, obwohl er mehrfach am Fundort vorbeigegangen war und brachte es zur Leman Street Police Station. Das Messer wurde an Dr Bagster Phillips weitergegeben, der es nach eingehender Begutachtung als Tatwaffe ausschloss.

Bei der Untersuchung zum Tod von Elizabeth Stride gab es auch eine rätselhafte Komponente, die die Identität der Toten zunächst in Frage stellte.

Eine Mrs Mary Malcolm, Frau eines Schneiders und wohnhaft in der Eagle Street 50, in der Nähe des Red Lion Square, Holborn, erschien bei der Polizei und machte eine Aussage, die für Verwirrung sorgte: Sie hatte eine Schwester namens Elizabeth, die 37 Jahre alt war und in einem Common Lodging House im East End wohnte. Vor einigen Jahren hatte diese Schwester einen angesehenen Weinhändler aus Bath namens Watts geheiratet, dann aber *„Schande über ihre Familie gebracht"*[79], als ihr Ehemann sie mit einem anderen Mann im Bett erwischt hatte. Er warf sie hinaus, und sie und ihre beiden Kinder, ein Junge und ein Mädchen, mussten bei ihrer *„armen Mutter"*[80] leben. Das Mädchen starb und der Junge wurde in ein Internat geschickt, dessen Gebühren von Mr Watts' älterer Schwester übernommen wurden. Elizabeth Watts zog dann zu einem Mann in Poplar, der eine Kaffeestube betrieb. Im Jahr 1885 fuhr dieser Mann zur See und ertrank bei einem Schiffsuntergang. Danach wurde für Liz Watts, laut ihrer Schwester Mary, *„das Trinken ein Problem"*[81] und sie war *„vor dem Thames Police Court wegen Trunkenheit angeklagt worden."*[82] Einmal legte Elizabeth ein nacktes Baby vor Mrs Malcolms Tür, das Ergebnis einer Affäre mit *„irgendeinem Polizisten."*[83] Die Malcolms behielten das Kind, bis Elizabeth es abholte. Über den Beruf ihrer Schwester sagte Mrs Malcolm: *„Ich hatte meine Zweifel."*[84] Um ihre Schwester zu unterstützen, hatte sich Mrs Malcom in den letzten zweieinhalb Jahren jeden Samstag um 16 Uhr mit ihr in der Chancery Lane getroffen und ihr zwei Schilling für die Unterkunft gegeben. Am Samstag, dem 29. September, war Liz Watts nicht erschienen. Das letzte Mal hatte Mrs Malcolm sie am Donnerstag, dem 27. September, gesehen, als ihre Schwester sie an ihrer Arbeitsstelle aufgesucht hatte, um sie um *„ein wenig Unterstützung“*[85] zu bitten. Daraufhin hatte Mrs Malcolm ihr einen Schilling und eine Jacke gegeben.

In der Nacht des 30. September hatte Mrs Malcolm ein nahezu übernatürliches Erlebnis. Während sie im Bett lag, spürte sie *„eine Art Druck“*[86] auf ihrer Brust und hörte entfernt drei Küsse. Als sie am nächsten Morgen von dem Mord in der Berner Street erfuhr, glaubte sie daher, dass das Opfer ihre Schwester war. Sie berichtete der Polizei in Whitechapel von ihrer Vermutung und wurde in die Leichenhalle gebracht. Dort konnte sie die Tote nicht als ihre Schwester identifizieren, entschuldigte dies jedoch damit, dass sie die Leiche nur bei Gaslicht gesehen habe. Am nächsten Tag wurde sie noch einmal dorthin gebracht und war sich nun sicher, dass es sich um ihre Schwester Elizabeth Watts handelte. Sie erkannte sie an einem schwarzen Mal an ihrem Bein, das, wie sie sagte, daher stammte, dass Liz als Kind von einer Kreuzotter gebissen worden war.

Mary Malcolm hatte noch eine weitere Schwester und einen Bruder, die Liz Watts seit Jahren nicht gesehen hatten. Die

Verwirrung um die Identität der Toten wurde am 23. Oktober bei der gerichtlichen Untersuchung des Falls aufgelöst. Mrs Elizabeth Stokes, Ehefrau von Joseph Stokes, einem Ziegelbrenner aus der Charles Street 5, Tottenham, sagte aus, sie sei die Schwester von Mary Malcolm, und ihr früherer Name sei Elizabeth Watts gewesen. Sie war, wie ihre Schwester richtig gesagt hatte, mit einem Weinhändler aus Bath namens Watts verheiratet gewesen. Alles andere, was Mary Malcolm über sie mitgeteilt hatte, stimmte allerdings nicht. *„Meine Schwester habe ich seit Jahren nicht mehr gesehen"*, sagte Elizabeth Stokes. *„Sie hat mich als furchtbaren Charakter beschrieben. Ihre Aussagen sind alle falsch."* Sie fügte hinzu: *„Es ist eine Schande, dass meine Schwester so über mich geredet hat, und dass die Unschuldigen unter den Taten der Schuldigen leiden."*[87] Nach ihrer Aussage fragte Coroner Baxter, ob Mrs Malcolm anwesend sei, was Inspector Edmund Reid verneinte.

Es ist nicht klar, warum Mary Malcolm diese Geschichte – auch unter Eid – in der Untersuchung erzählt hat. Sollte sie von der Richtigkeit überzeugt gewesen sein, besteht die Möglichkeit, dass Elizabeth Stride sich jahrelang als ihre Schwester ausgegeben hat, eventuell um Geld von ihr zu bekommen. Es ist auffällig, dass Mrs Malcolm die Lebensläufe von Elizabeth Stride und ihrer Schwester vermischt hat.

Elizabeth Stride wurde am 6. Oktober 1888 unter Ausschluss der Öffentlichkeit auf dem East London Cemetery bestattet.

Der Mord an Elizabeth Stride war der erste in der Nacht des 30. September 1888. Aus heutiger Sicht besteht zum Teil die Annahme, dass der Mord an ihr nichts mit denen von Mary Ann Nichols und Annie Chapman zu tun hatte, da sie nicht verstümmelt wurde. Allerdings kann man davon ausgehen, dass Louis Diemschutz mit seinem Ponykarren den Täter störte. Da nur 45 Minuten später eine andere Prostituierte tot und verstümmelt aufgefunden wurde, ist es höchst wahrscheinlich, dass der Täter hier sein grausames Werk vollenden konnte.

Catherine Eddowes

Das zweite Opfer in dieser Nacht wurde vom Mitre Square in das Leichenschauhaus in der Golden Lane gebracht und dort von Dr Gordon Brown, Dr George Sequeira, Dr William Segdwick Saunders (dem City of London Public Analyst[88]) und Dr George Bagster Phillips untersucht. Aufgrund der Verstümmelungen war man sich zunächst unsicher, ob die Tote überhaupt identifiziert werden konnte. Nachdem in den Zeitungen über ihre Kleidung, ihre Tätowierung „T.C." auf dem linken Unterarm und die Pfandscheine in ihren Taschen berichtet worden war, meldete sich am Dienstagabend, dem 2. Oktober ein Mann namens John Kelly auf der Bishopsgate Police Station. Er glaubte, dass die Frau, die am Mitre Square ermordet worden war, seine Frau war. In der Leichenhalle in der Golden Lane identifizierte er die Tote als Catherine Eddowes, mit der er, wie er berichtete, nicht verheiratet war, aber seit sieben Jahren in einem Common Lodging House in der Flower and Dean Street 55 zusammengelebt hatte. Auch Eliza Gold, wohnhaft in der Thrawl Street 6, konnte die Tote als ihre Schwester Catherine Eddowes identifizieren.

Catherine Eddowes war 1,52 m groß, hatte dunkles Haar und braune Augen. Sie war 1842 als eines von zwölf Kindern in Wolverhampton geboren worden. Ein Jahr nach ihrer Geburt zog die Familie nach London, als ihr Vater eine Stelle als

Weißblechstanzer in der City of London antrat. Ihre Mutter starb 1855 mit 42 Jahren, der Vater innerhalb der nächsten zwei Jahre. Catherine Eddowes zog daraufhin von Bermondsey zurück nach Wolverhampton und arbeitete dort als Weißblechstanzerin und in anderen Berufen. Sie lernte den ehemaligen Soldaten Thomas Conway kennen und lieben und ließ sich sogar seine Initialen in blauer Tinte auf den Arm tätowieren. 1863 bekamen sie eine Tochter. Es folgte ein Sohn und die Familie zog nach Westminster, wo der zweite Sohn geboren wurde. In der Folgezeit soll Catherine begonnen haben zu trinken und immer wieder von zu Hause verschwunden sein. Wenn sie stritten, soll Conway sie geschlagen haben. 1880 verließ Catherine Eddowes das gemeinsame Heim und zog ins East End, möglicherweise, da eine ihrer Schwestern in Spitalfields lebte. Catherine Eddowes lernte dort John Kelly kennen und gemeinsam wohnten sie in Cooney's Common Lodging House in der Flower and Dean Street 55. Zu „Cooney's" gehörten mehrere Unterkünfte in der verrufenen Gegend um die Thrawl Street. Der übliche Preis waren vier Schilling für ein Einzel- und acht Schilling für ein Doppelbett.

Zeichnung von Catherine Eddowes aus einer zeitgenössischen Zeitung

Catherine Eddowes arbeitete gelegentlich für einige jüdische Familien in der Gegend, und wie auch Mary Ann Nichols und Annie Chapman prostituierte sie sich, wenn sie sonst kein Einkommen hatte. Im Spätsommer 1888 schloss sie sich mit John Kelly den vielen Aushilfsarbeitern bei der Hopfenernte in Kent an. Sie halfen in Hunton, nahe Maidstone aus, machten aber wenig Geld und kehrten fast pleite am Freitag, dem 28. September nach London zurück. Kelly gab seine Stiefel für zwei Schilling an einen Pfandleiher, und am nächsten Tag sagte Catherine Eddowes ihm, dass sie versuchen wolle, Geld von ihrer Schwester in Bermondsey zu bekommen und machte sich auf den Weg.

Zeichnung von Catherine Eddowes

Gegen 20 Uhr 30 am 29. September war Police Constable Robinson von der City Police auf seinem Rundgang auf der Aldgate High Street. Vor Hausnummer 29 traf er auf eine Menge von Schaulustigen, die sich um die betrunkene, auf dem Bürgersteig schlafende Catherine Eddowes versammelt hatte. Angeblich hatte sie die Leute mit einer spontanen Imitation eines Feuerwehrautos unterhalten, sich verbeugt und dann dort hingelegt. Von den Umstehenden konnte jedoch niemand

PC Robinson eine Auskunft über ihren Namen oder ihren Wohnort geben. Robinson zog sie auf die Beine und lehnte sie gegen die Wand. Prompt rutschte sie zurück auf den Bürgersteig, zweifellos zur weiteren Belustigung der Menge. Robinson brachte sie mit einem Kollegen, PC George Simmons, zur Bishopsgate Police Station. Hier antwortete die Frau auf die Frage nach ihrem Namen „*Nichts.*“[89] Daraufhin wurde sie zur Ausnüchterung in eine Zelle gebracht, wo sie in Tiefschlaf fiel.

Um 21 Uhr 45 begann die Schicht für PC George Hutt, zu dessen Aufgabe es gehörte, regelmäßig nach den Inhaftierten in ihren Zellen zu schauen. Dabei fand er Catherine Eddowes jedes Mal tief schlafend vor. Um 0 Uhr 15 hörte Hutt sie jedoch leise singen. 15 Minuten später rief sie nach ihm und fragte, wann sie gehen dürfe. Um 0 Uhr 55 Uhr ließ er sie aus der Zelle. Als sie nach ihrem Namen und ihrer Adresse für die Entlassungspapiere gefragt wurde, sagte sie, ihr Name sei Mary Ann Kelly und sie wohne in der Fashion Street 6. Sie fragte, wie spät es sei, woraufhin Hutt antwortete: „*Zu spät, um noch etwas zu trinken zu bekommen.*“ „*Ich werde eine ordentliche Tracht Prügel bekommen, wenn ich jetzt nach Hause komme*“, sagte sie. „*Zu Recht*“, antwortete Hutt. „*Sie haben kein Recht, sich zu betrinken.*“ Hutt öffnete ihr die Schwingtür zum Flur und sagte: „*Hier entlang, meine Dame.*“ Als sie durch den Flur ging, bat Hutt sie noch, die Eingangstür hinter sich zu schließen. *„In Ordnung"*, antwortete sie. *„Gute Nacht, alter Sack."*[90] Es war 1 Uhr.

Catherine Eddowes trug eine schwarze Haube, eine schwarze Jacke mit Kunstpelzkragen, ein Halstuch, einen dunkelgrünen Rock mit einem Muster aus Gänseblümchen und goldenen Lilien, braune Strümpfe und ein Paar Schnürstiefel für Männer. Bei der späteren Untersuchung ihrer Leiche fand man bei ihr ein weißes Taschentuch, ein Tafelmesser mit weißem Griff, eine kurze Tonpfeife und ein rotes Zigarettenetui mit weißen Metallbeschlägen.

Hutt sah noch, wie sie, statt Richtung Flower and Dean Street bzw. Fashion Street zu gehen, nach links Richtung Houndsditch und damit zurück zur Aldgate High Street ging. Auf diesem Weg lag auch der Mitre Square, von der Polizeistation aus etwa acht Minuten zu Fuß entfernt. Damals war der Mitre Square ein geschlossener Platz, der von drei imposanten Lagergebäuden überragt wurde. Daneben gab es ein Geschäft und mehrere Wohnhäuser, von denen aber nur eins bewohnt war (von City Police Constable Richard Pearce und seiner Familie). In der Nähe befanden sich die Große Synagoge auf Bevis Marks und die Kirche St Botolph.

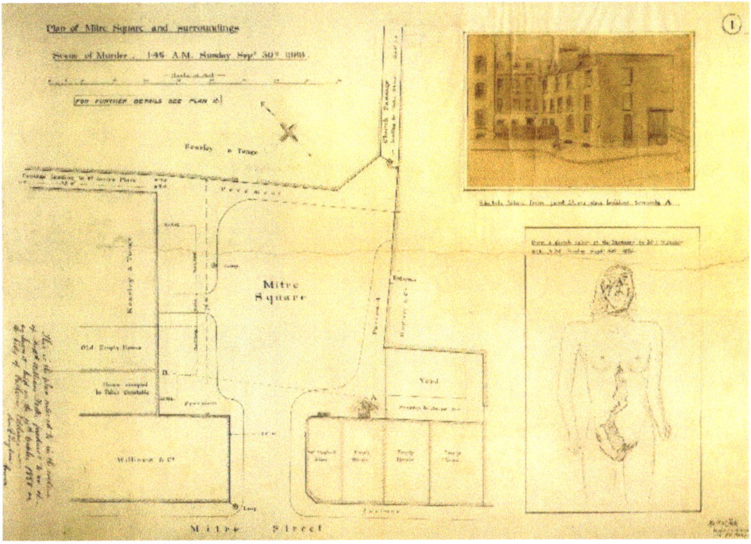

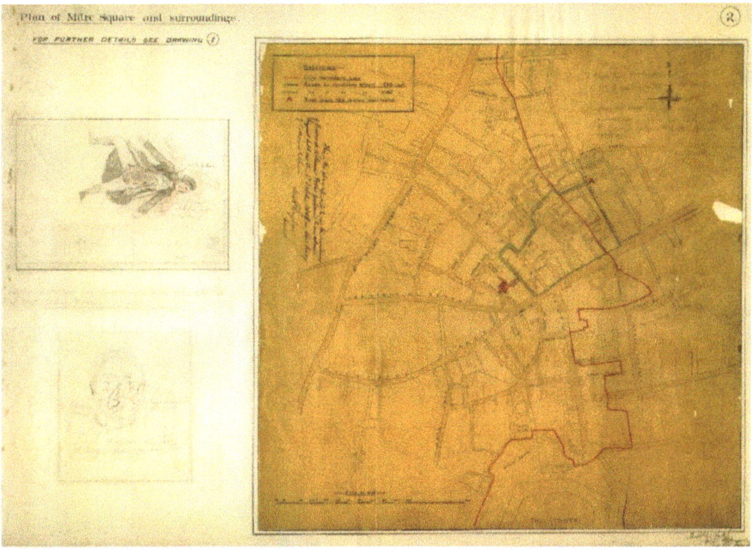

Polizeiskizzen vom Tatort

Von der Mitre Street im Westen gab es einen breiten Zugang zum Platz. Die schmale St James Passage führte vom St James Place (lokal bekannt als Orange Market) in die nordöstliche Ecke des Mitre Square. Durch die lange, enge Church Passage gelangte man von der Duke Street in die südöstliche Ecke des Platzes. Von der Aldgate High Street im Süden gab es keinen direkten Zugang. Dort befanden sich viele Metzgereien und Schlachthöfe, der Abschnitt trug den Spitznamen „Butchers Row."

Um 1 Uhr 30 Uhr passierte PC Watkins, der Catherine Eddowes' Leiche fünfzehn Minuten später finden sollte, die südöstliche Ecke des Platzes. Seine Patrouille führte ihn alle zwölf bis vierzehn Minuten auf den Mitre Square. Watkins leuchtete über den Platz, der ruhig und verlassen dalag, und gab später an, dass sich niemand dort hätte verstecken können, ohne von ihm gesehen zu werden.

Ecke des Mitre Square, in der Catherine Eddowes' Leiche gefunden wurde

Fünf Minuten später verließen drei jüdische Männer, Harry Harris, Joseph Hyam Levy und Joseph Lawende den Imperial Club auf der Duke Street. An der Kreuzung Duke Street und Church Passage sahen sie einen Mann und eine Frau, die dort leise miteinander redeten. Die Frau hatte ihnen den Rücken zugewandt, aber sie konnten sehen, dass sie ihre Hand auf die Brust des Mannes gelegt hatte. Levy sagte zu Harris: „*Ich gehe nicht gern alleine nach Hause, wenn ich solche Leute sehe.*“[91] Er achtete nicht weiter auf das Paar und konnte deshalb zur Beschreibung nicht mehr sagen, als dass der Mann ca. acht Zentimeter größer als die Frau war, die er auf 1,52 m schätzte. Harry Harris konnte überhaupt keine Angaben über das Paar machen.

Joseph Lawende jedoch schenkte den beiden etwas mehr Beachtung. Er sah das Gesicht der Frau nicht, aber ihre Kleidung identifizierte er später bei der Polizei als die von Catherine Eddowes. Den Mann beschrieb er bei der gerichtlichen Untersuchung folgendermaßen: „*Alter 30 Jahre, 1,74 m bis 1,76 m groß, Gesichtsfarbe hell, Schnurrbart hell, durchschnittlich gebaut; Kleidung: grau melierte lose Jacke, graue Stoffmütze mit Schirm aus gleichem Material, rötliches Halstuch umgebunden; Erscheinungsbild eines Matrosen.*“[92] Allerdings sagte Lawende, da ihm die beiden nicht verdächtig erschienen seien, würde er den Mann nicht unbedingt wiedererkennen.

Ein weiterer Zeuge war James Blenkingsop, ein Nachtwächter, der in St James Place eine Straßenbaustelle bewachte. Um 1 Uhr 30 soll ein „respektabel gekleideter" Mann ihn gefragt haben: *„Haben Sie einen Mann und eine Frau hier durchgehen sehen?"*[93] Blenkingsop antwortete, er habe Leute passieren sehen, ihnen aber keine Beachtung geschenkt. Blenkingsops Aussage erschien am 1. Oktober in *The Star*. Darüber hinaus wurde er niemals wieder erwähnt.

Bemerkenswert ist auch die Zeugenaussage von PC James Harvey von der City Police, zu dessen Rundgang die Duke Street und die Church Passage gehörten, nicht aber der Mitre Square. Da er um 1 Uhr 28 das Postamt Aldgate passierte und dort auf die Uhr schaute, schätzte er, dass er um etwa 1 Uhr 40 die Church Passage betrat. PC Harvey ging nicht auf den Mitre Square, er stoppte am Ende der Church Passage, drehte sich um und verließ sie wieder Richtung Duke Street. Er gab an, auf dem Platz niemanden gesehen oder gehört zu haben. Genau zu diesem Zeitpunkt jedoch muss der Mörder seine grausame Tat verrichtet haben, da die Leiche um 1 Uhr 45 gefunden wurde.

Obwohl zwei Streifenpolizisten und drei Polizeibeamte, die weitere Patrouillen losgeschickt hatten, in der Nähe waren, hatte der Täter die Kaltblütigkeit besessen, in nur wenigen Minuten sein abscheuliches Verbrechen durchzuführen und unentdeckt zu entkommen. Walter Dew schrieb später in seinen Memoiren: *„Noch nie in der Geschichte des Londoner*

East Ends waren so viele Vorsichtsmaßnahmen ergriffen worden, um genau das zu verhindern, was sich nicht nur einmal, sondern sogar zweimal ereignet hatte. Hunderte Polizisten in Uniform und Zivil und auf unterschiedliche Weise verkleidet – manche sogar als Frauen – patrouillierten alle paar Minuten auf jedem Quadratmeter in den Straßen der „Gefahrenzone"."[94] Außerdem waren in den umliegenden Straßen und Gassen Nachtwächter und Menschen, die bereits begannen, alles für den Petticoat Lane Market um die Middlesex Street vorzubereiten.

Die gerichtliche Untersuchung des Mordes an Catherine Eddowes wurde von Samuel Frederick Langham, dem Coroner der City of London, geleitet. Als Vertreter der „City of London Corporation" war der Anwalt Henry Homewood Crawford anwesend. Am Donnerstag, dem 4. Oktober 1888 sagte Eliza Gold aus, dass ihre Schwester unverheiratet gewesen sei, seit einigen Jahren mit John Kelly zusammengelebt habe und ihres Wissens nach keine Trinkerin gewesen sei. John Kelly erklärte, er habe „Kate", wie er sie nannte, zuletzt am Samstagnachmittag gesehen und im Laufe des Tages erfahren, dass sie in der Bishopsgate Police Station inhaftiert worden sei. Deswegen habe er zunächst nicht weiter über ihren Verbleib nachgeforscht.

Im Verlauf der Untersuchung äußerte sich Dr Sequeira zum Tathergang. Er sagte, dass der Ort des Mordes wahrscheinlich der dunkelste Teil des Mitre Square gewesen sei, obwohl es offensichtlich genug Licht für den Täter gegeben habe, Catherine Eddowes zu ermorden und zu verstümmeln. Nachdem der Mörder die Luftröhre und die Halsschlagader durchtrennt und Catherine Eddowes so getötet hatte, schnitt er sie auf und entnahm ihr die Gebärmutter und die linke Niere. Diese Organe fehlten, offensichtlich hatte der Täter sie mitgenommen. Teile der Eingeweide waren herausgezogen und über ihre rechte Schulter gelegt worden. Ein weiteres Stück war herausgeschnitten und zwischen Körper und linkem Arm abgelegt worden. Es gab Einschnitte in den unteren Augenlidern, den Wangen und dem rechten Ohr. Auch die Nasenspitze war abgeschnitten worden. Die Verletzungen waren noch grauenvoller als bei Annie Chapman. Nachdem der Mörder in dieser Nacht bei Elizabeth Stride vermutlich unterbrochen worden war, hatte er

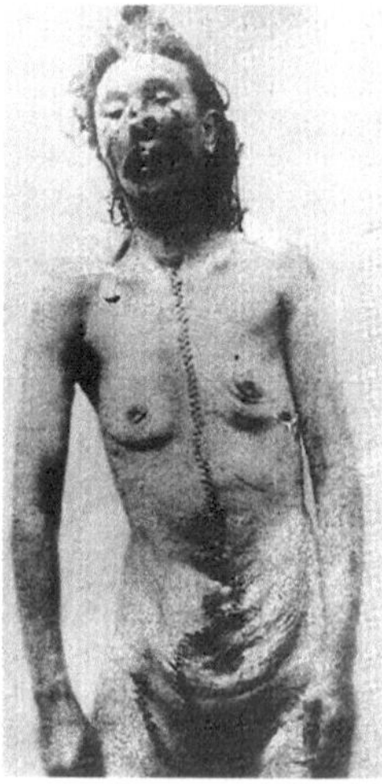

Catherine Eddowes in der Leichenhalle

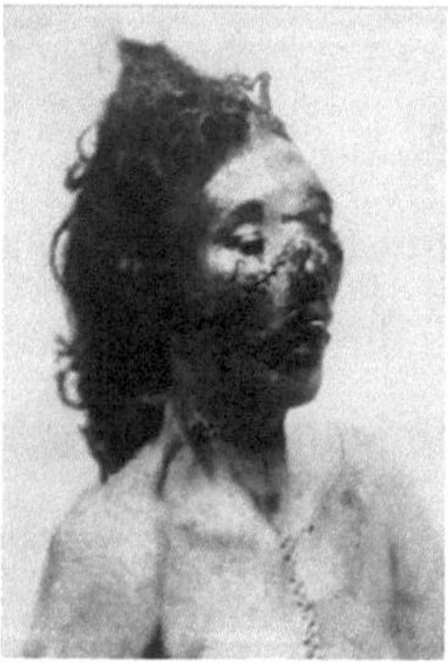

Catherine Eddowes in der Leichenhalle

Catherine Eddowes, wie PC Edward Watkins es formulierte, *„wie ein Schwein auf dem Markt aufgeschlitzt.“*[95]

Bezeichnenderweise war Dr Sequeira nicht der Meinung, dass der Mörder mehr als anatomische Grundkenntnisse besaß. Auf die Frage des Coroners, ob der Mörder mit Blut bespritzt hätte sein müssen, antwortete er: *„Nicht unbedingt.“*[96]

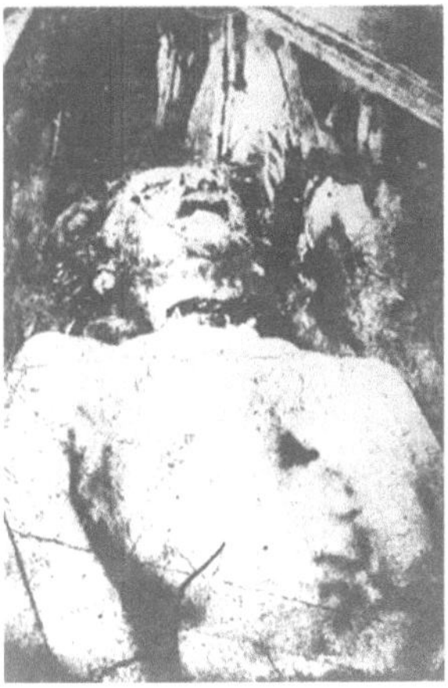

Catherine Eddowes in der Leichenhalle

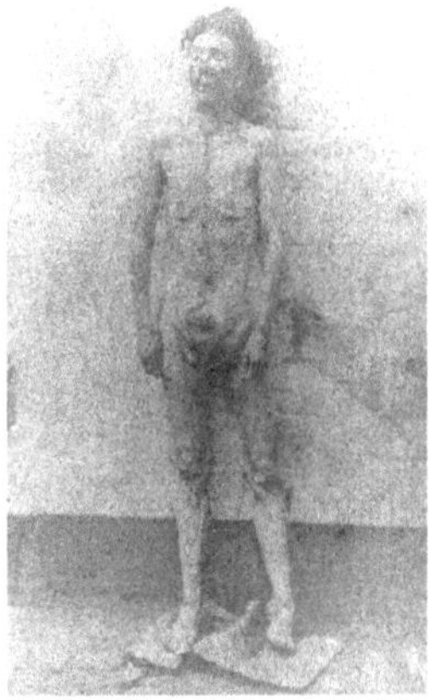

Catherine Eddowes in der Leichenhalle

Am Montag, dem 8. Oktober 1888 wurde Catherine Eddowes auf dem City of London Cemetery in Ilford beigesetzt. Die Straßen, durch die der Leichenzug führte, waren von Menschenmassen gesäumt. Auf ihrem Sarg stand: „Catherine Eddowes, gestorben am 30. Sept. 1888, Alter 43 Jahre.“

„The Illustrated Police News" vom 13. Oktober 1888

„Hochachtungsvoll, Jack the Ripper“

Neben Trauer und Bestürzung regierte Angst in London, aber auch Wut darüber, dass der Täter in einer Nacht zweimal zuschlagen und immer noch nicht gefasst werden konnte.

Aus „The Illustrated Police News“ vom 3. November 1888

Frühere Verdächtige wie Charles Ludwig oder der „mad butcher“ Jacob Isenschmid waren zum Zeitpunkt des Doppelmords in Untersuchungshaft gewesen und konnten somit von jeglicher Beteiligung freigesprochen werden.

Menschen strömten zu den beiden Tatorten in der Berner Street und am Mitre Square. Diese Faszination steigerte sich zur Hysterie, als die Polizei nach dem Doppelmord einen Brief veröffentlichte. Dieser sogenannte *Dear Boss*-Brief gab dem Whitechapel-Mörder seinen unsterblichen Namen:

„Lieber Boss, 25. Sept.1888

ständig höre ich, dass die Polizei mich geschnappt hätte, aber noch wird sie wird mich nicht erwischen. Ich lache, wenn sie sich für so schlau halten und darüber reden, sie wären auf der richtigen Spur. Bei dem Witz mit „Leather Apron" habe ich einen Lachanfall gekriegt. Ich bin hinter Huren her und ich werde nicht aufhören, sie aufzuschlitzen, bis ich geschnappt werde. Das letzte Mal lief's grandios. Die Lady hatte nicht einmal Zeit zum Quieken. Wie können sie mich da schnappen? Ich liebe meine Arbeit und mach's nochmal. Sie werden bald wieder von meinen kleinen Späßen hören. Vom letzten Job habe ich etwas von dem guten roten Zeug in einer Ingwerbierflasche verwahrt, um damit zu schreiben, aber es wurde dick wie Kleister und ich kann es nicht benutzen. Rote Tinte tut's auch, hoffe ich, ha ha. Beim nächsten Mal schneide ich der Lady die Ohren ab und sende sie nur so zum Spaß den Polizeibeamten. Halten Sie diesen Brief zurück, bis ich noch ein bisschen mehr erledigt habe, dann geben Sie ihn sofort raus. Mein Messer ist so schön scharf, ich möchte gleich wieder an die Arbeit gehen, wenn sich die Gelegenheit für mich bietet. Viel Glück.

Hochachtungsvoll

Jack the Ripper

Nehmen Sie mir es nicht übel, dass ich mir den Markennamen gebe

PS: Hab es leider nicht geschafft, das hier zu verschicken, bevor ich die rote Tinte von meinen Händen hatte. Verdammt. Immer noch kein Glück. Jetzt halten sie mich für einen Arzt. <u>ha ha.</u>“[97]

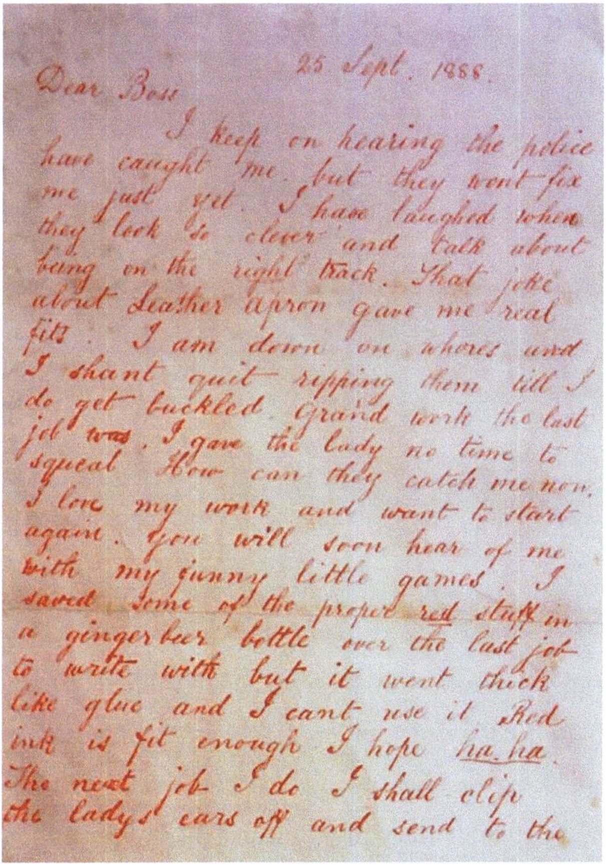

25 Sept. 1888.
Dear Boss
I keep on hearing the police
have caught me but they wont fix
me just yet. I have laughed when
they look so clever and talk about
being on the right track. That joke
about Leather Apron gave me real
fits. I am down on whores and
I shant quit ripping them till I
do get buckled. Grand work the last
job was. I gave the lady no time to
squeal. How can they catch me now.
I love my work and want to start
again. You will soon hear of me
with my funny little games. I
saved some of the proper red stuff in
a ginger beer bottle over the last job
to write with but it went thick
like glue and I cant use it. Red
ink is fit enough I hope ha. ha.
The next job I do I shall clip
the lady's ears off and send to the

„Dear Boss“ Brief (Seite 1)

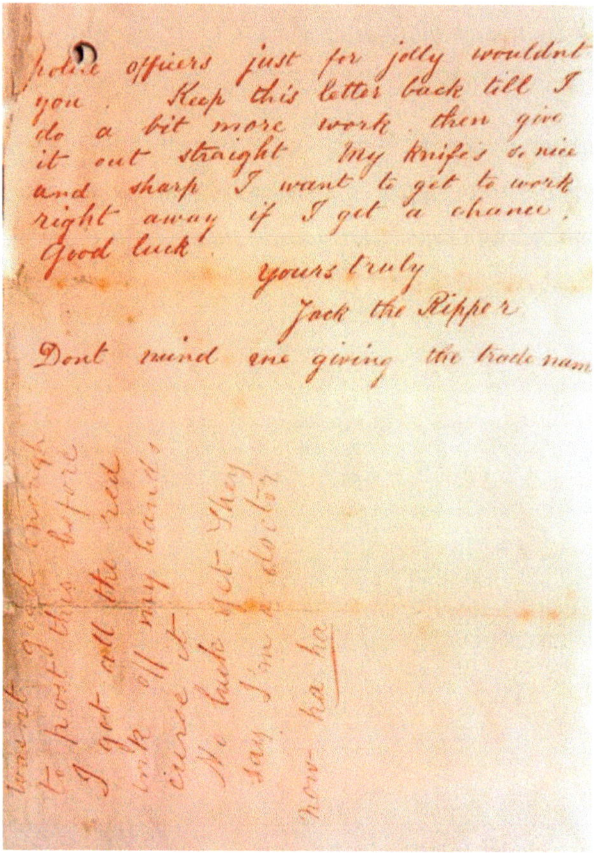
police officers just for jolly wouldnt
you. Keep this letter back till I
do a bit more work. then give
it out straight My knife's so nice
and sharp I want to get to work
right away if I get a chance.
Good luck.
yours truly
Jack the Ripper
Dont mind me giving the trade name

wasnt good enough
to post this before
I got all the red
ink off my hands
curse it
No luck yet. They
say I'm a doctor
now. ha ha

„Dear Boss" Brief (Seite 2)

Der Brief war bereits am 27. September an die Central News Agency in der City of London geschickt worden. Diese hatte ihn am 29. September an die Metropolitan Police weitergeleitet. Dort hielt man ihn zunächst nicht für authentisch. Doch da der Verfasser angekündigt hatte, dem nächsten Opfer die Ohren abzuschneiden, wurde die Polizei hellhörig, als in der Nacht des „Double Event“ die Ohren von Catherine Eddowes verstümmelt wurden. Diese Übereinstimmung veranlasste die Polizei, den Brief zu veröffentlichen, in der Hoffnung, Hinweise über den Verfasser zu erhalten.

Umschlag des „Dear Boss“ Briefs

Der Doppelmord an Elizabeth Stride in Whitechapel und Catherine Eddowes in der City of London in einer Nacht stellte in der öffentlichen Wahrnehmung die vorherigen Morde in den Schatten. Ein Kommentator in *The Times* schrieb am 1. Oktober dazu:

„Waren dies die Spinnereien eines Wahnsinnigen oder die vorsätzlichen Taten eines gesunden Mannes, der am Morden Vergnügen findet, und der seine Opfer vorzugsweise aus dem schwachen Geschlecht auswählt, weil es entweder sicherer und leichter zu handhaben ist, oder weil es ihm die Möglichkeit gibt, seinen abscheulichen Instinkt der Grausamkeit und perversen Lust zu befriedigen?“[98]

In derselben Ausgabe erschien ein bitter-ironischer Leserbrief als Antwort auf einen Artikel, in dem vorgeschlagen worden war, die lasterhaften Bewohner aus der Dorset Street und der Flower and Dean Street zu vertreiben. Der Leser, ein E. Fairfield vom South Eaton Place 64, S.W., schrieb dazu:

„Es gibt keine schlimmeren Straßen in London, und wenn sie von dort vertrieben werden, in welchen Straßen lassen sie sich dann nieder? Der Horror und die Aufregung, die durch die Morde an den vier Ausgestoßenen aus Whitechapel ausgelöst wurden, beinhalten einen universellen Glauben daran, dass sie ein Recht zum Leben hatten. Wenn dies so ist, dann hatten sie weiterhin das Recht, Schutz vor der bitteren Kälte der englischen Nacht zu bekommen. Wenn dies nicht so ist, dann ist es, insgesamt betrachtet, eine gute Sache, dass sie einem unbekannten chirurgischen Genie in die Hände gefallen sind. Er hat auf jeden Fall seinen Beitrag zur Lösung des „Problems, die East End Straßen von ihren lasterhaften Bewohnern zu befreien“, geleistet.“[99]

Überall im Vereinigten Königreich wurde über den Doppelmord geredet. Angst war allgegenwärtig, wie der Dramatiker George Bernard Shaw am Montag, dem 1. Oktober in sein Tagebuch schrieb: *„Auf meinem Weg von Plumstead sprachen alle im Zug von den zwei Morden, den letzten Taten des Whitechapel-Mörders.“*[100]

Am selben Tag erhielt die Central News Agency eine offensichtlich mit Blut befleckte Postkarte in derselben Handschrift wie der *Dear Boss*-Brief und wieder mit roter Tinte geschrieben. Diese war vom Autor nicht datiert worden, trug aber den Poststempel LONDON E (aus einer Poststelle im Osten Londons) vom 1. Oktober:

„Es war kein Scherz, lieber alter Boss, als ich Ihnen den Hinweis gab, dass Sie morgen von „Saucy Jacky's" Werk hören werden. Dieses Mal „double event." Nummer Eins hat etwas gequiekt. Konnte nicht richtig fertig werden. Hatte nicht die Zeit, Ohren für die Polizei zu besorgen. Danke, dass Sie den letzten Brief zurückgehalten haben, bis ich wieder an die Arbeit ging.

Jack the Ripper"[101]

„Saucy Jacky" Postkarte (vorne)

I wasnt codding
dear old Boss when
I gave you the tip
youll hear about
saucy Jacky's work
tomorrow double
event this time
number one squealed
a bit couldnt
finish straight
off. had not time
to get ears for
police thanks for
keeping last letter
back till I got
to work again.
Jack the Ripper

„Saucy Jacky“ Postkarte (hinten)

Da der *Dear Boss*-Brief zu diesem Zeitpunkt noch nicht veröffentlicht war, muss der Verfasser der Postkarte mit dem des Briefes identisch oder mit dem Inhalt vertraut gewesen sein. Wie der Brief wurde auch die *Saucy Jacky*-Postkarte von der Polizei veröffentlicht und von der Presse weltweit gedruckt.

Dies hatte einen unerwarteten Effekt: Die Veröffentlichungen halfen nicht, den Mörder oder den Verfasser zu ermitteln, sondern inspirierten zu zahllosen Imitationen. Die Polizei wurde überschwemmt von angeblichen „Jack the Ripper“-Briefen und Bekennerschreiben, deren Überprüfung sich für die bereits überarbeiteten Ermittler als reine Zeitverschwendung erwies. Männer und Frauen aus allen Teilen und Gesellschaftsschichten Großbritanniens genossen den Nervenkitzel, im Namen von „Jack the Ripper“ Briefe an die Polizei zu schreiben. Der Reiz für viele respektable Viktorianer schien groß, auf anonyme, aber perverse Art und Weise, Teil dieser Schreckensgeschichte zu werden.

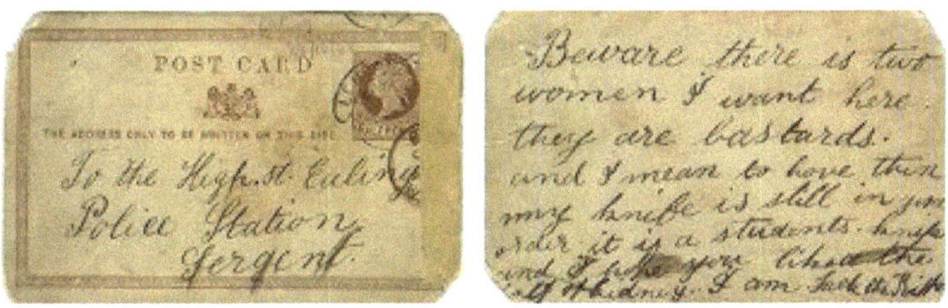

Eine Postkarte, die am 29. Oktober 1888 bei der Ealing Police Station einging

Auch gab es Schreiben aus der Bevölkerung, in denen Verdächtigungen gegen Mitbürger ausgesprochen wurden. Ein absurdes Beispiel ist ein anonymer Brief vom 5. Oktober 1888 an die City of London Police, in dem der amerikanische Schauspieler Richard Mansfield als möglicher Täter genannt wird. Mansfield spielte zu der Zeit in London die Hauptrolle in der Bühnenadaption von Robert Louis Stevensons *Der seltsame Fall des Dr Jekyll und Mr Hyde* (1886). Als Grund für die Verdächtigung gab der anonyme Verfasser Mansfields Fähigkeit an, sich sowohl charakterlich als auch optisch vom aufrechten Dr Jekyll in den widerwärtigen und bösartigen Mr Hyde zu verwandeln.[102]

Manche gingen noch weiter, erschienen bei der Polizei und bekannten sich selbst zu den Morden. Diese „Geständnisse" hielten keiner Überprüfung stand. Es gab Witzbolde, die sich einen Spaß daraus machten, sich als „Jack the Ripper" auszugeben und Frauen zu erschrecken. Wie sehr der Begriff „Whitechapel" mittlerweile mit dem Mörder und seinen Verbrechen gleichgesetzt wurde, zeigt ein Fall von versuchtem Mord in Peckham im Oktober 1888, als ein Mann einem anderen 10 Schilling bot, wenn er an seiner Frau einen „Whitechapel-Mord" begehen würde.[103]

Auf den Straßen des East Ends hatte die Polizei damit zu tun, unschuldige Männer vor wütenden Mobs zu retten, die glaubten, „Jack the Ripper" gefunden zu haben.

Die Frauen, die kein Geld für ein Bett in einem Common Lodging House hatten, fürchteten jede Nacht auf den Straßen um ihr Leben. Diese Situation wurde in der Presse von den Sozialreformern angeprangert.

Dr. Barnardo (ca. 1868)

Der Londoner Philanthrop Dr Thomas Barnardo hatte mehrere Heime für arme und benachteiligte Kinder errichtet und setzte sich schon länger dafür ein, dass in den Common Lodging Houses keine Kinder mehr aufgenommen wurden. Am 9. Oktober schrieb er an *The Times,* dass er Ende September zum letzten Wohnort von Elizabeth Stride, dem Common Lodging House in der Flower and Dean Street 32, gegangen sei, um mit den dort wohnenden Frauen zu sprechen:

„In der Küche des Hauses Nr. 32 befanden sich mehrere Personen, einige von ihnen noch Mädchen, andere bereits Frauen, alle aus derselben unglücklichen Klasse, zu der die arme Elizabeth Stride gehörte. Die Leute erkannten mich schnell, und das Gespräch drehte sich um die bisherigen Morde. Die Bewohnerinnen in der Küche hatten alle große Angst vor der Gefahr, der sie möglicherweise ausgesetzt waren. Ich erklärte ihnen, was ich mir vorgenommen hatte, um Kinder unter allen Umständen davor zu bewahren, in den Common Lodging

Houses und auf den Straßen auf die schiefe Bahn zu geraten und somit auch in gewissem Maß dem riesigen Ozean des Elends in dieser Stadt keinen Nachschub zu bieten.

Das Rührende an der Geschichte ist, dass meine Ausführungen offensichtlich von allen Frauen mit großem Interesse verfolgt wurden. Nicht eine einzige höhnische Stimme erhob sich in Spott oder Widerspruch. Ein armes Geschöpf, das offensichtlich getrunken hatte, rief etwas verbittert aus: „Wir taugen alle nichts, und niemand kümmert sich darum, was aus uns wird. Vielleicht werden einige von uns als nächste umgebracht!" Und dann fügte sie hinzu: „Hätte jemand solchen wie uns vor langer Zeit geholfen, wären wir nie hier gelandet!"

Beeindruckt von der ungewöhnlichen Reaktion der Leute, kam ich nicht umhin, sie genauer zu betrachten, und ich bemerkte, dass einige von ihnen sichtlich gerührt waren. Ich habe inzwischen die Leichenhalle besucht, in der die arme Elizabeth Stride lag, und ich erkannte sie sofort als eine derjenigen, die auch bei meinem letzten Besuch am vergangenen Mittwoch in der Küche des Common Lodging House war."[104]

Nach dem Doppelmord waren die Bürgerwehren im East End, allen voran das Mile End Vigilance Comittee unter der Leitung von George Lusk, besonders aktiv. Deren Arbeit bestand auch darin, Informationen auf den Straßen zu sammeln und an die Polizei weiterzugeben. Des Weiteren hatte Lusk sowohl an das Innenministerium als auch an Königin Victoria geschrieben und gebeten, eine Belohnung für Informationen auszusetzen, die zur Verhaftung des Mörders führen könnten. Aber sowohl Innenminister Henry Matthews als auch Sir Charles Warren, Commissioner der Metropolitan Police, glaubten nicht daran, dass eine Belohnung nützliche Informationen liefern würde. Umso ärgerlicher war es für die beiden, als die City of London nach dem Mord an Catherine Eddowes eine Belohnung von 500 Pfund auslobte. Um in der Presse nicht in noch schlechteres Licht gerückt zu werden, schlug Warren vor, eine noch höhere Summe, nämlich 5000 Pfund, zu bieten, wozu es allerdings nie kam. Währenddessen hatte die Bürgerwehr selbst die Initiative ergriffen und in den Geschäften der Gegend Plakate aufgehängt, auf denen sie eine Belohnung für Informationen anbot. Ihr Vorsitzender George Lusk wurde daher häufig in der Presse erwähnt. Anscheinend waren seine Bemühungen und die Aktivitäten des Komitees einigen finsteren und merkwürdigen Zeitgenossen ein Dorn im Auge.

George Lusk

Am Donnerstag, dem 4. Oktober, erschien um 16 Uhr 15 ein Mann an seiner Haustür in der Alderney Street in Mile End. Dort erfuhr er, dass Lusk nicht zu Hause war, sondern in der

Kneipe seines Sohnes. Deshalb suchte er ihn dort auf und versuchte, von Lusk Informationen über die Patrouillen der Bürgerwehr zu bekommen. Er wollte sich dann mit Lusk in einem separaten Raum unterhalten, was dieser jedoch ablehnte. Im weiteren Verlauf des Gesprächs ließ der Mann einen Stift fallen. Dies war offensichtlich ein Ablenkungsmanöver, denn als Lusk sich bückte, um ihn aufzuheben, nahm er eine schnelle Bewegung des Mannes wahr, der etwas aus seiner Tasche ziehen wollte. Um die Situation zu überspielen, fragte der Mann nach dem Weg zum nächsten Speiselokal, den Lusk ihm beschrieb. Er folgte ihm unauffällig, verlor ihn jedoch aus den Augen, und stellte fest, dass der Fremde an dem Speiselokal nicht erschienen war. Lusk schätzte das Alter des Mannes auf 30 bis 40 Jahre und seine Größe auf etwa 1,80 m. Er hatte ein gerötetes Gesicht mit buschigem braunem Bart und Koteletten.

Der Mann, der Lusk aufsuchte (Zeichnung aus einer zeitgenössischen Zeitung)

Am 10. Oktober lungerte ein weiterer verdächtig wirkender Mann vor Lusks Haus herum. Diesen Mann meldete Lusk bei der Polizei. In den nächsten Tagen erhielt auch Lusk eine Postkarte von „Jack the Ripper“, der er jedoch, wie die Polizei den vielen Bekennerschreiben, keine Bedeutung beimaß.

Am 15. Oktober erkundigte sich ein Mann in einem Lederwarengeschäft in Mile End nach George Lusks Adresse, nachdem er ein Belohnungsplakat der Bürgerwehr im Schaufenster gesehen hatte. Die Tochter des Inhabers, Miss Marsh, schlug ihm vor, beim nahe gelegenen „Crown“ Pub nachzufragen, aber der Mann weigerte sich, in eine Kneipe zu gehen. Deshalb diktierte Miss Marsh dem Fremdem Lusks Adresse aus einer Zeitung, in der allerdings keine Hausnummer angegeben worden war. Später beschrieb sie den Mann als etwa 45 Jahre alt, 1,80 m groß, schlank mit bleicher Gesichtsfarbe, dunklem Bart und Schnurrbart. Er hatte mit einem, wie sie annahm, irischen Akzent gesprochen und war wie ein Geistlicher gekleidet gewesen.

Am Dienstag, dem 16. Oktober, wurde George Lusk mit der Abendpost ein kleines Päckchen zugestellt, eingewickelt in braunes Papier und mit einem undeutlichen Londoner Poststempel. Es war namentlich an ihn adressiert, allerdings fehlte bei der Adresse die Hausnummer.

Als Lusk das Päckchen öffnete, schlug ihm ein übler Geruch entgegen. Darin befand sich ein Stück einer Niere. Folgender Brief war beigelegt:

„Aus der Hölle

Mr Lusk,

Sor,

Ich schicke Ihnen die halbe Niere, die ich aus einer Frau genommen und für Sie konserviert habe. Das andere Stück habe ich gebraten und gegessen, es war sehr gut. Vielleicht schicke ich Ihnen das blutige Messer, mit dem ich sie herausnahm, wenn Sie nur noch eine Weile warten.

gezeichnet

Fangen Sie mich, wenn Sie können Mishter Lusk“[105]

Die Handschrift war identisch mit der auf der Postkarte, die Lusk ein paar Tage zuvor erhalten hatte. Lusk hielt das Ganze zunächst für einen üblen Scherz und nahm an, es handele sich um die Niere eines Tieres. Trotzdem brachten er und Mitglieder seiner Bürgerwehr die Niere in die Praxis von Dr Frederick Wiles in der Mile End Road, um sie untersuchen zu lassen. Da der Arzt nicht anwesend war, begutachtete sein Assistent Reed die Niere und erklärte sie für menschlich.

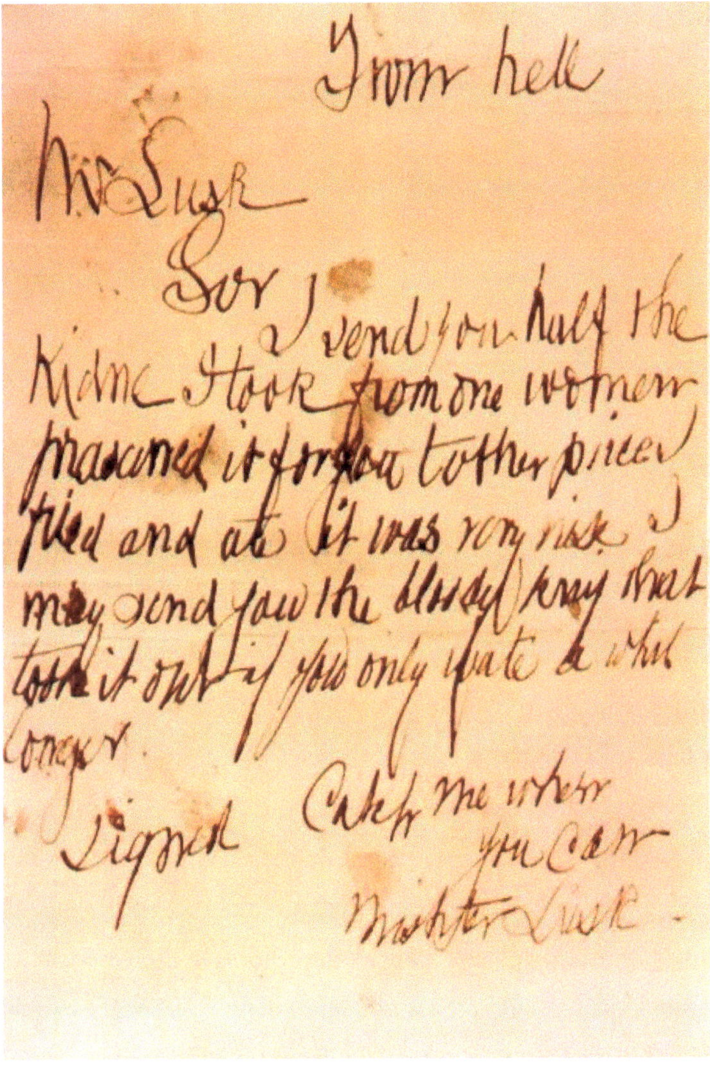

From hell

Mr Lusk

Sor

I send you half the Kidne I took from one women prasarved it for you tother piece I fried and ate it was very nise I may send you the bloody kniff that took it out if you only wate a whil longer

signed Catch me when you Can Mishter Lusk

Der „From Hell“ Brief

Aus „The Illustrated Police News" vom 27. Oktober 1888

Um eine zweite Meinung einzuholen, brachte er sie in das nahe gelegene London Hospital, wo Dr Thomas Openshaw das Organ mikroskopisch untersuchte. Obwohl Dr Openshaw lediglich feststellte, dass es sich um die Hälfte einer menschlichen linken Niere handelte, die in Alkohol aufbewahrt worden war, stellten die Zeitungen direkt einen Bezug zu Catherine Eddowes‘ fehlender Niere her. Da Dr Openshaws Name in der Berichterstattung auftauchte, dauerte es nicht lange, bis auch er einen „Jack the Ripper“-Brief erhielt.

Nach der Untersuchung durch Dr Openshaw wurde die Niere an die City Police übergeben und von dem Polizeiarzt

Dr Gordon Brown untersucht. Dieser hielt sie ebenfalls für ein menschliches Organ. Trotzdem konnte nicht geklärt werden, ob es sich um die Niere einer Frau geschweige denn die von Catherine Eddowes handelte. Leitende Polizeibeamte der City Police wie Inspector McWilliam und Major Henry Smith erklärten, dass auch Medizinstudenten in den Besitz solcher Organe gelangen könnten und die Niere nicht vom Mörder geschickt worden sei.

Seitdem die Vermutung geäußert worden war, dass der Täter anatomische Kenntnisse haben müsse, hatte die Polizei tatsächlich auch verhaltensauffällige Medizinstudenten ins Visier genommen. In einem Bericht an das Innenministerium vom 19. Oktober schrieb Inspector Swanson über drei ehemalige Medizinstudenten vom London Hospital, die inzwischen psychisch krank geworden waren. Zwei waren aufgespürt und als Täter ausgeschlossen worden. Von dem dritten, John William Smith Sanders, glaubte er, dass er sich ins Ausland abgesetzt hatte, da die Beamten ihn unter der Adresse Aberdeen Place 20, wo er angeblich bei seiner Mutter Laura Tucker Sanders wohnte, nicht auffinden konnten. Tatsächlich hatte die Polizei die falsche Adresse: Laura Tucker Sanders wohnte am Abercorn Place 20, während ihr Sohn bereits seit einiger Zeit (und vor allem während der Morde) in einer Irrenanstalt untergebracht war.

„Punch“ Cartoon „Whitechapel 1888“ vom 13. Oktober 1888. Beschriftung: „ERSTES MITGLIED DER KRIMINELLEN „KLASSE“: „EIN FEINER MENSCHENSCHLAG, DIE PO-LIZEI!“ ZWEITER DITO: „UNGEWÖHNLICH FEIN! - ES IST EIN GLÜCK FÜR UNS, DASS ES SO WENIGE SIND!!!“ “

Mittlerweile war auch Dr Robert Anderson, der neue Assistant Commissioner CID bei Scotland Yard, auf Drängen des Innenministers Henry Matthews am 6. Oktober aus seinem Krankheitsurlaub nach London zurückgekehrt. Für die Presse waren seine lange Abwesenheit und die bisherigen Misserfolge der Polizei ein gefundenes Fressen. Mit Argusaugen beobachtete sie jeden neuen Ermittlungsschritt und berichtete voller Häme über die nächste Initiative der Polizei.

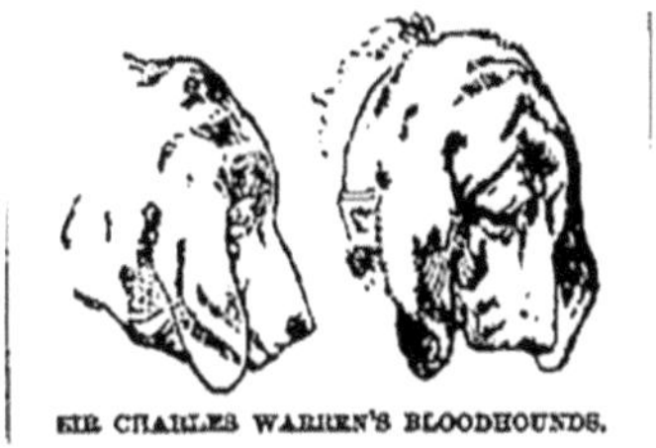

Die Bluthunde im Fall „Jack the Ripper“

Das Innenministerium schlug Sir Charles Warren vor, bei der Jagd nach dem Mörder Bluthunde einzusetzen, eine Idee, die zunächst auch von der Presse begeistert aufgenommen wurde. Warren war skeptisch. Er fragte, wie Bluthunde die Fährte des Mörders aufnehmen sollten, ohne jemals eine Geruchsprobe von ihm bekommen zu haben, in einer Gegend, in der es vor Menschen und Gerüchen nur so wimmelte. Trotzdem ließ er zwei Bluthunde, Barnaby und Burgho, im Hyde Park testen und agierte selbst als Versuchsperson, die sie aufspüren sollten. Da der Test ihn zufriedenstellte, gab er Anweisung, im Falle eines weiteren Mordes zunächst auf die Ankunft der Bluthunde zu warten, die die Spur des Mörders aufnehmen sollten. Die Tatsache, dass Warren sich selbst als

Versuchsperson zur Verfügung gestellt hatte, war für die Presse eine unwiderstehliche Gelegenheit, Falschmeldungen über den Misserfolg der Aktion zu verbreiten und sich über den Commissioner lustig zu machen. So wurde beispielsweise berichtet, die beiden Hunde hätten sich im Londoner Nebel verirrt und seien nicht zurückgekehrt.

Die Bluthunde Burgho und Barnaby beim Training

Für die Polizei bestand die einzige Möglichkeit den Täter zu fassen, ihn auf frischer Tat zu ertappen. Aber den Oktober über passierte nichts. Die Frauen im East End waren weiter auf der Hut. Viele von ihren waren aber gezwungen, ihren Lebensunterhalt auf der Straße zu verdienen. Eine von ihnen war Mary Jane Kelly.

„The Illustrated Police News" vom 20. Oktober 1888

Mary Jane Kelly

Mary Jane Kelly (Zeichnung aus „The Penny Illustrated Paper“ vom 24. November 1888)

Mary Jane Kelly war eine attraktive Frau. Sie war 25 Jahre alt, ca. 1,74 m groß, und soll helles Haar gehabt haben, obwohl die Spitznamen, unter denen sie in der Gegend bekannt war – Ginger, Fair Emma und Black Mary – andere Schlüsse zulassen. Sie behauptete in Irland geboren und als Kind nach Wales gezogen zu sein. Dort heiratete sie im Alter von 16 Jahren einen Bergmann, der jedoch bei einer Minenexplosion ums Leben kam. Danach ging sie nach Cardiff, wo sie als Prostituierte lebte, bevor sie nach London reiste, um in einem edlen Bordell im West End zu arbeiten. Während dieser Zeit reiste sie mit einem Gentleman nach Paris, kehrte jedoch nach zwei Wochen nach London zurück, da es ihr dort nicht gefiel. Aus unbekannten Gründen zog sie danach ins East End in die Gemeinde St-George-in-the-East, rund um den Ratcliffe Highway, damals als St George’s Street bekannt. 1886 lebte sie in einem Common Lodging House in der Thrawl Street in Spitalfields, bis sie im folgenden Jahr eine Beziehung mit Joseph Barnett, einem Fischträger vom Billingsgate Market, einging. Mary Kelly mietete in Spitalfields in Miller's Court ein kleines Zimmer mit der Nummer 13. Dies bezog sie gemeinsam mit Joseph Barnett.

Joseph Barnett (Zeichnung aus „The Illustrated Police News“ vom 24. November 1888)

Eingang zu Miller's Court in der Dorset Street

Miller's Court war ein Innenhof, den man durch einen Durchgang von der Dorset Street erreichte. Die Dorset Street war bekannt als „the worst street in London.“ Die Zimmer in Miller's Court wurden von John McCarthy vermietet, der neben dem Eingang zum Hof einen Laden betrieb. Die wöchentliche Miete betrug vier Schilling und sechs Pence. Mary Kellys Zimmer besaß zwei Fenster mit unterteilten Scheiben, die auf den Hof hinausgingen. Zwei der Scheiben im Fenster neben der Tür waren zerbrochen und ein alter Mantel diente als Vorhang. Es gab einen Kamin, über dem ein Bild mit dem Titel *The Fisherman's Widow* hing, ein Bett, unter dem eine Waschschüssel stand, ein Nachtschränkchen, zwei Tische, einen Stuhl und einen kleinen Schrank.

Miller's Court 13 (ca. 1890 - 1900)

Da Joseph Barnett seit dem Sommer 1888 arbeitslos war, sah Mary sich gezwungen, als Prostituierte Geld zu verdienen. In seinen Memoiren erinnerte sich Walter Dew, dass Mary Kelly oft *„die Commercial Street zwischen Flower and Dean Street und Aldgate oder entlang der Whitechapel Road stolzierte. Gewöhnlich war sie in Begleitung von zwei oder drei ihrer Art, ordentlich und sauber gekleidet, und sie trug immer eine saubere, weiße Schürze und keinen Hut.*“[106]

Mary Kelly lud immer wieder Prostituierte ein, bei ihr zu übernachten. Im Oktober 1888 hatte sie einer Freundin namens Julia angeboten, bei ihr zu wohnen. Dies veranlasste Joe Barnett, sie am 30. Oktober zu verlassen.

Dorset Street im Jahr 1902, fotografiert für Jack Londons Buch „The People of the Abyss“ (1903). Der Eingang zu Miller's Court liegt auf der rechten Straßenseite.

Auch eine andere Bekannte, Maria Harvey, übernachtete öfter bei Mary Kelly, zuletzt am Montag, dem 5. November und am Dienstag, dem 6. November, bevor sie ein eigenes Zimmer im New Court, Dorset Street, bezog. Am Donnerstag, dem 8. November, verbrachte sie den Nachmittag mit Mary Kelly in deren Zimmer. Als Joe Barnett gegen 19 Uhr zu Besuch kam, verabschiedete sich Maria Harvey. Sie ließ einige Kleidungsstücke zurück: eine schwarze Krepphaube, einen Mantel, zwei schmutzige Baumwollhemden, ein Jungenhemd und einen weißen Mädchen-Petticoat. Kurz darauf erschien Lizzie Albrook, die ebenfalls ein Zimmer in Miller's Court hatte. Sie hatte den Eindruck, dass Mary Kelly in einer melancholischen Stimmung war und erinnerte sich später:

„Zum Abschied sagte sie, ‚Egal, was du tust, tu nichts Falsches und ende nicht so wie ich.' Sie hatte schon oft so zu mir gesprochen und warnte mich davor, auf die Straße zu gehen, wie sie es getan hatte. Sie sagte mir auch, dass sie das Leben, das sie führte, von Herzen leid war und wünschte, sie hätte genug Geld, um zurück nach Irland zu gehen, wo ihre Familie lebte. Ich glaube nicht, dass sie hinausgegangen wäre, wenn sie dazu nicht gezwungen gewesen wäre, um sich selbst vor dem Verhungern zu retten.“[107]

In dieser Stimmung musste Mary Kelly an diesem Abend auf die Straße gehen, vielleicht auch deshalb, weil sie mit der Miete im Rückstand war. Joseph Barnett kehrte nach eigener

Schätzung gegen 19 Uhr 45 in seine Unterkunft nach Bishopsgate zurück und spielte dort Whist, bis er um 0 Uhr 30 ins Bett ging.

Der Schneider Maurice Lewis aus der Dorset Street, der behauptete, Mary Kelly seit fünf Jahren zu kennen, sah sie im Verlauf des Abends im „Horn of Plenty“ Pub in der Dorset Street. Lewis sagte, sie sei dort mit ihrer Freundin Julia und einem Mann namens Dan gewesen, der auf den Märkten von Billingsgate und Spitalfields Orangen verkaufte, und mit dem sie bis vor kurzem zusammengelebt habe.

Auch die verwitwete Prostituierte Mary Ann Cox, die in Miller's Court 5 wohnte, musste in dieser Nacht auf der Straße Geld verdienen. Zwischen 23 Uhr 45 Uhr und Mitternacht kehrte sie in die Dorset Street zurück. Mary Jane, wie sie sie nannte, ging in Begleitung eines Mannes, der einen Humpen Bier trug, vor ihr her. Als Mrs Cox in den Hof einbog, sah sie, dass Mary den Mann mit in ihr Zimmer nahm. Mrs Cox bemerkte, dass Mary Kelly betrunken war. Im Vorbeigehen sagte sie *„Gute Nacht, Mary“*[108]. Mary Ann Cox beschrieb den Mann als etwa 36 Jahre alt, klein und stämmig, mit einem fleckigen Gesicht, einem rötlichen Schnurrbart und schäbiger Kleidung, einem langen dunklen Mantel und einem runden, steifen Billycock Hut. Als sie in ihrem Zimmer war, hörte Mrs Cox, wie Mary Kelly das Lied *A Violet I Pluck'd From Mother's Grave* sang:

„Scenes of my childhood arise before my gaze,
Bringing recollections of bygone happy days.
When down in the meadow in childhood I would roam,
No one's left to cheer me now within that good old home,
Father and Mother, they have pass'd away;
Sister and brother, now lay beneath the clay,
But while life does remain to cheer me, I'll retain
This small violet I pluck'd from mother's grave."[109]

Davon fühlte sich Mary Kellys Nachbarin Catherine Pickett gestört. Sie wollte sich bei Mary beschweren, wurde aber von ihrem Mann zurückgehalten. Mary Kelly sang immer noch, als Mrs Cox 15 Minuten später wieder hinausging, und auch, als sie gegen 1 Uhr nachts zurückkam. Nachdem sie sich aufgewärmt hatte, ging Mrs Cox wieder auf die Straße.

Mrs Elizabeth Prater, die in dem Zimmer über Mary Kelly wohnte, kehrte um 1 Uhr angetrunken in Miller's Court zurück und wartete eine halbe Stunde vor John McCarthys Laden, neben dem Eingang zum Hof, auf den Mann, mit dem sie zusammenlebte. In der Zeit hörte sie keinen Gesang und sah auch niemanden. Elizabeth Prater hielt sich kurz in John McCarthys Geschäft auf, um sich mit ihm zu unterhalten. Als ihr Lebensgefährte nicht kam, ging sie in ihr Zimmer, stellte zwei Stühle vor die Tür und legte sich schlafen, ohne sich auszuziehen.

Um 2 Uhr traf George Hutchinson seine Bekannte Mary Kelly auf der Commercial Street. Sie fragte ihn, ob er ihr sechs Pence leihen könne, doch er hatte kein Geld. Mary Kelly ging weiter Richtung Flower and Dean Street und Thrawl Street. Hutchinson sah, wie sich ihr ein jüdisch aussehender Mann näherte, der aus der entgegengesetzten Richtung, aus Aldgate kam. Der Mann tippte Mary Kelly auf die Schulter und sagte etwas zu ihr. Sie lachten beide und Hutchinson hörte, wie Mary Kelly sagte: *„In Ordnung."* Der Mann meinte: *„Es wird für dich schon in Ordnung sein, nach dem, was ich dir gesagt habe."*[110] Dann legte er seine rechte Hand um ihre Schulter. Hutchinson stand unter der Laterne vor dem „Queen's Head" Pub, und als die beiden ihn passierten, senkte der Mann den Kopf und zog sich den Hut über die Augen. Daher bückte sich Hutchinson, um ihm ins Gesicht zu schauen. Der Mann blickte unfreundlich zurück und ging mit Mary Kelly in die Dorset Street. Hutchinson folgte ihnen und beobachtete, wie sie etwa drei Minuten vor Miller's Court standen und der Mann etwas sagte. Mary Kelly antwortete: *„In Ordnung, mein Lieber. Komm mit. Du wirst es bequem haben."*[111] Dann legte er seinen Arm um ihre Schulter, und sie gab ihm einen Kuss. Hutchinson hörte, wie Mary Kelly sagte, dass sie ihr Taschentuch verloren habe. Der Mann gab ihr ein rotes Taschentuch und sie gingen gemeinsam in den Hof. Hutchinson blieb vor dem Hofeingang stehen, konnte sie aber nicht mehr sehen. Er postierte sich auf der gegenüberliegenden Straßenseite und wartete dort eine Dreiviertelstunde. Als weder Mary noch ihr Begleiter wieder herauskamen, verließ Hutchinson seinen Posten und streifte durch die Straßen. Hutchinson beschrieb den Mann später folgendermaßen:

„Alter etwa 34 oder 35; Größe etwa 1,70 m; blasse Hautfarbe, dunkle Augen und Wimpern, leicht gezwirbelter Schnurrbart und dunkles Haar, sehr mürrischer Blick; Kleidung – langer dunkler Mantel, Kragen und Manschetten fellbesetzt und darunter eine dunkle Jacke, helle Weste, dunkle Hose, dunkler Filzhut mit Kniff, geknöpfte Stiefel und Gamaschen mit weißen Knöpfen, trug eine sehr dicke Goldkette, weißen Leinenkragen, schwarze Krawatte mit Hufeisennadel; respektable Erscheinung; strammer Gang; jüdisches Erscheinungsbild. Kann identifiziert werden.“[112]

Gegen 2 Uhr 30 Uhr kam eine Frau namens Sarah Lewis in die Dorset Street. Sie hatte mit ihrem Mann gestritten und beschlossen, den Rest der Nacht bei Mr und Mrs Keyler in Miller’s Court 2, einem Zimmer im ersten Stock, zu verbringen. Sie sah einen Mann gegenüber dem Eingang zu Miller’s Court stehen.

Mary Ann Cox kehrte um 3 Uhr wieder in Miller’s Court zurück und fand alles ruhig vor. Sie konnte nicht einschlafen und hörte, wie im Laufe der Nacht mehrere Leute durch den Hof gingen.

Zwischen 3 Uhr 30 Uhr und 4 Uhr wurde Elizabeth Prater durch ihre Katze geweckt, die ihr über den Nacken lief. Als sie das Tier wegstieß, hörte sie einen schwachen Schrei: *„Oh! Mord!“*[113] Er schien aus der Nähe zu kommen, aber da Gewalt in der Gegend alltäglich war, maß sie dem keine Bedeutung zu und schlief wieder ein. Sie dachte, es sei die übliche tätliche Auseinandersetzung zwischen Eheleuten gewesen. Auch Sarah Lewis, die bei den Keylers übernachtete, hörte den Schrei.

Um 5 Uhr morgens wachte Elizabeth Prater auf und ging kurz darauf zum „Ten Bells“ Pub, wo sie gegen 5 Uhr 45 ankam. In der Dorset Street sah sie lediglich ein paar Männer, die Pferde anspannten.

Mary Ann Cox war immer noch wach. Um 5 Uhr 45 meinte sie zu hören, wie jemand den Hof verließ, allerdings wusste sie nicht, aus welchem Zimmer die Person kam, da sie auch nicht gehört hatte, dass eine Tür geschlossen wurde.

Nachdem Elizabeth Prater im „Ten Bells“ Pub etwas getrunken hatte, kehrte sie in ihr Zimmer zurück und schlief tief und fest bis 11 Uhr.

Zwischen 7 Uhr 30 und 8 Uhr klopfte Mary Kellys Nachbarin Catherine Pickett an ihre Tür, um sich einen Schal zu leihen, da sie zum Markt gehen wollte und es kalt und regnerisch war. Da niemand öffnete, nahm sie an, dass Mary Kelly noch schlief und ging wieder.

Um 10 Uhr 45 schickte Mary Kellys Vermieter John McCarthy seinen Assistenten Thomas Bowyer (auch bekannt als „Indian Harry“), einen ehemaligen Soldaten, zu Miller’s Court 13, um ihre überfällige Miete einzutreiben. Bowyer klopfte an die Tür, erhielt jedoch ebenfalls keine Antwort. Da er vermutete, dass Mary Kelly zu Hause war, ihm aber nicht öffnen wollte, ging Bowyer zu dem zerbrochenen Fenster, zog den Vorhang beiseite und blickte hinein.

Einen Moment später kam Thomas Bowyer ruhig in McCarthys Laden zurück: *„Chef, ich habe an die Tür geklopft und niemand antwortete. Ich schaute durch das Fenster und sah eine Menge Blut und die Frau.“*[114] Die beiden Männer liefen in den Hof, McCarthy zog den Vorhang beiseite und spähte in den düsteren Raum. Das grauenhafte Bild, das sich ihm bot, sollte er bis an sein Lebensende nicht vergessen. Dort auf dem Bett, kaum noch als Mensch zu erkennen, lag die regelrecht geschlachtete Mary Kelly. Auf dem Nachttisch sah er zwei Klumpen blutiges Menschenfleisch. Die Wand hinter dem Bett war mit Blut bespritzt.

Aus „The Illustrated Police News“ vom 17. November 1888

Sofort schickte McCarthy Thomas Bowyer zur Commercial Street Police Station, schloss seinen Laden ab und folgte ihm. Auf der Station angekommen, verlangten sie Inspector Reid zu sprechen, der jedoch nicht verfügbar war. Inspector Walter Beck folgte ihnen daraufhin mit mehreren Beamten, unter anderem mit Constable Walter Dew, zu Miller's Court. Auf der Commercial Street Police Station waren an diesem Tag mehrere zusätzliche Polizisten stationiert, die bei eventuellen Unruhen rund um die „Lord Mayor's Show“[115] in der City of London eingesetzt werden sollten. Diese nahm Beck nun als Verstärkung mit. Dew versuchte, die Tür zu Mary Jane Kellys

Zimmer zu öffnen, es gelang ihm aber nicht. Inspector Beck blickte durch das Fenster und fuhr erschrocken zurück. *„Um Gottes Willen, Dew"*, rief er, *„sehen Sie nicht hin."*[116] Dew ließ sich nicht abhalten und schaute in das Zimmer. Den Anblick, so sagte er, würde er bis zu seinem Todestag nicht vergessen:

„Wenn meine Gedanken zu Miller's Court zurückkehren", schrieb er 50 Jahre später in seinen Memoiren, *„und was dort geschah, überwältigen mich immer noch derselbe Brechreiz, dieselbe Empörung und dasselbe Entsetzen... Das Bild vor meinem inneren Auge ist nach wie vor so schockierend klar, als wäre es erst gestern gewesen... Kein Wilder hätte barbarischer sein können. Kein wildes Tier hätte so etwas Schreckliches tun können."*[117]

Der Körper von Mary Kelly lag auf dem Bett, ihr Gesicht war dem Fenster zugewandt und bis zur Unkenntlichkeit verstümmelt. Walter Dew erinnerte sich: *„Die Augen der armen Frau [...] waren weit aufgerissen und schienen mich voller Grauen anzustarren."*[118]

Dr George Bagster Phillips traf um 11 Uhr 15 Uhr am Tatort ein, Inspector Abberline 15 Minuten später. Nach einem Blick durch das Fenster war Dr Bagster Phillips klar, dass jede Hilfe zu spät kam. Da man noch auf die Bluthunde wartete, schlug

Dr George Bagster Phillips

er vor, den Raum nicht zu betreten, um keine Spuren zu verwischen. Mittlerweile riegelte die Polizei die Dorset Street ab und schloss den Eingang zu Miller's Court. Nacheinander trafen weitere Detectives und Polizeiärzte am Tatort ein. Um 13 Uhr 30 erschien Superintendent Arnold von der H Division, verkündete, dass keine Bluthunde kämen und wies an, die Tür aufzubrechen. John McCarthy schlug sie mit einer Axt ein. Den Anblick, der sich den Anwesenden im Inneren des Raumes bot, fasste er später einem Journalisten gegenüber zusammen:

„Was wir dort sahen, wird mir niemals mehr aus dem Kopf gehen. Es sah eher aus wie das Werk eines Teufels als das eines Menschen. […] Das Bild ist unbeschreiblich. Ich hoffe, ich werde so etwas nie wieder sehen müssen.“[119]

Die Leiche von Mary Jane Kelly in Miller's Court

Die Leiche wurde von Dr Bagster Phillips und Dr Thomas Bond gemeinsam mit einigen anderen Kollegen um 14 Uhr untersucht. Der Polizeiarzt Dr Bond war von Assistant Commissioner Robert Anderson hinzugezogen worden. Anderson selbst traf gegen 13 Uhr 50 am Tatort ein. Die Ärzte gingen davon aus, dass Mary Kellys Tod durch das Durchtrennen der Halsschlagader eingetreten war. In dem abschließenden Obduktionsbericht fasste Dr Bond die Verletzungen zusammen:

„Der Körper lag nackt in der Mitte des Bettes, die Schultern flach, aber die Körperachse zur linken Seite des Bettes geneigt. Der Kopf war auf die linke Wange gelegt worden. Der linke Arm lag nah am Körper an, wobei der Unterarm im rechten Winkel abgespreizt über dem Bauch lag. Der rechte Arm war leicht vom Körper abgewinkelt und ruhte auf der Matratze, der Ellbogen gebeugt und der Unterarm lag auf der Außenseite, die Finger verkrampft. Die Beine waren weit gespreizt, der linke Oberschenkel im rechten Winkel zum

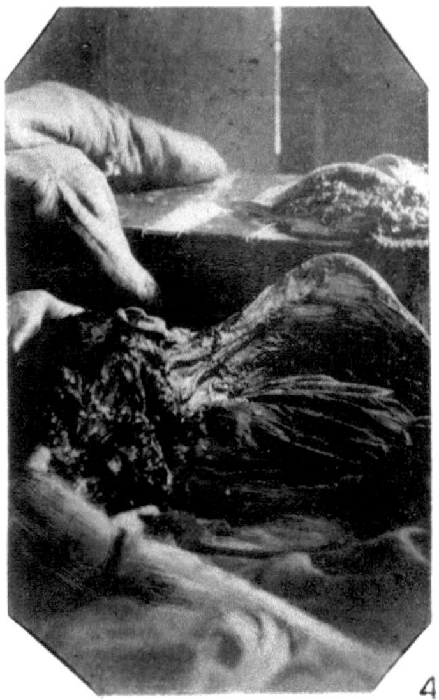

4

Polizeifotografie vom Tatort

Rumpf und der rechte bildete einen stumpfen Winkel mit dem Schambereich.

Die gesamte Oberfläche des Unterleibs und der Oberschenkel war entfernt worden und die inneren Organe aus der Bauchhöhle entnommen worden. Die Brüste waren abgeschnitten worden, die Arme durch mehrere gezackte Wunden verstümmelt und das Gesicht bis zur Unkenntlichkeit zerhackt. Das Gewebe des Halses war bis auf den Knochen durchtrennt.

Die Eingeweide wurden an verschiedenen Stellen gefunden: die Gebärmutter und die Nieren mit einer Brust unter dem Kopf, die andere Brust neben dem rechten Fuß, die Leber zwischen den Füßen, die Gedärme auf der rechten Seite und die Milz auf der linken Seite des Körpers. Die aus dem Bauch und den Oberschenkeln entfernten Teile lagen auf einem Tisch.

Das Bettzeug in der rechten Ecke war blutgetränkt, und auf dem Boden darunter befand sich eine Blutlache von etwa einem Quadratmeter. Die Wand auf der rechten Seite des Bettes, in einer Linie mit dem Hals, war mit mehreren Blutspritzern verschmiert.

Das Gesicht war in alle Richtungen zerfetzt, die Nase, Wangen, Augenbrauen und Ohren waren teilweise entfernt worden.

Die Lippen waren bleich und wiesen mehrere, diagonal nach unten zum Kinn verlaufende Einschnitte auf. Außerdem waren zahlreiche Schnitte unregelmäßig über das Gesicht verteilt. […]

Das Perikardium war von unten geöffnet worden und das Herz fehlte. In der Bauchhöhle befand sich zum Teil verdautes Essen aus Fisch und Kartoffeln, dies wurde auch im Rest des Magens gefunden, der mit den Gedärmen verbunden war.“[120]

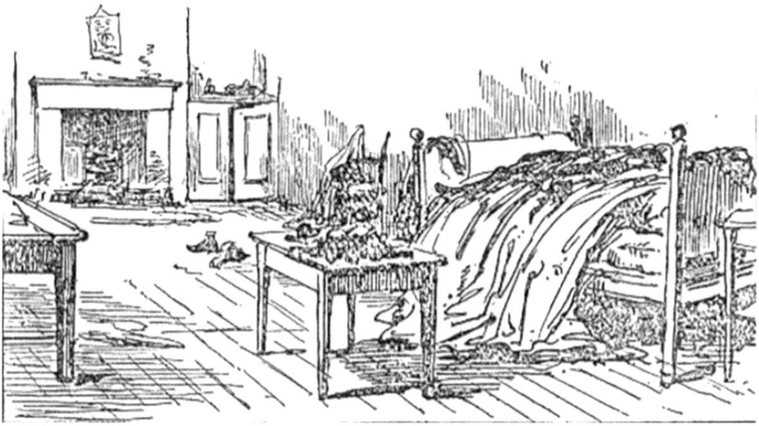

Miller's Court 13, gezeichnet am 9. oder 10. November 1888

In der Asche des Kamins entdeckte Inspector Abberline Reste eines Frauenhutes. Er war der Meinung, dass der Mörder Kleidung verbrannt hatte, um genügend Licht zu haben. Offensichtlich war das Feuer so stark gewesen, dass Teile des Kessels geschmolzen waren. Da die Kleidung von Mary Kelly auf einem Stuhl am Fußende des Bettes lag, handelte es sich bei der verbrannten Kleidung vermutlich um die Sachen, die Maria Harvey zurückgelassen hatte.

Nachdem die Ärzte ihre Untersuchung abgeschlossen hatten, wurde Mary Kellys Leiche in die Leichenhalle gebracht. *The Times* berichtete darüber:

„Um 10 Minuten vor 4 Uhr wurde ein einspänniges Fuhrwerk mit der üblichen Plane in die Dorset-street gefahren und hielt gegenüber von Millers-Court. Aus dem Wagen wurde ein langer Kasten oder ein Sarg genommen, schmutzig und zerkratzt vom ständigen Gebrauch. Dieser wurde in die Kammer des Todes gebracht, und dort wurden die sterblichen Überreste vorübergehend eingesargt. Die Nachricht, dass der Leichnam abtransportiert werden sollte, löste einen großen Ansturm von Leuten aus, die aus den Höfen in die Dorset-Street rannten, und es gab einen entschlossenen Versuch, die Polizeiabsperrung am Ende der Commercial-Street zu durchbrechen. Die Menge, die sich um den Wagen drängte, war aus der bescheidensten Klasse, aber das Benehmen der armen Leute konnte nur als außerordentlich beschrieben werden. Zerlumpte Mützen wurden gelüftet und schlampig aussehende Frauen weinten, als die Kiste, bedeckt mit einem zerlumpten Tuch, in den Wagen gelegt wurde. Die sterblichen Überreste wurden in die Leichenhalle in Shoreditch gebracht, wo sie bleiben werden, bis die Untersuchungskommission sie gesehen hat.“[121]

Seit dem Auffinden der Leiche hatte Sergeant Thick mit mehreren Beamten die unmittelbaren Nachbarn von Mary Kelly befragt. Während die Polizisten unter Hochdruck arbei-

Sir Charles Warren

teten, erreichte sie eine unerwartete Nachricht aus den eigenen Reihen: Commissioner Sir Charles Warren war von seinem Posten zurückgetreten. Als derjenige, der seit Wochen von der Presse für die Misserfolge der Polizei verantwortlich gemacht worden war, hatte er entgegen den offiziellen Vorschriften selbst mit einem Presseartikel in der Novemberausgabe des *Murray's Magazine* reagiert. Daraufhin hatte er einen Verweis von Innenminister Henry Matthews erhalten und als Konsequenz seinen Rücktritt eingereicht. Es ist eine Ironie des Schicksals, dass sein Rücktritt am Tag der Ermordung von Mary Kelly angenommen und öffentlich gemacht wurde. Trotzdem blieb Warren zunächst im Amt, bis ein Nachfolger ernannt wurde. Am 1. Dezember übernahm sein früherer Untergebener James Monro das Amt, was in der Öffentlichkeit als besondere Niederlage für Warren angesehen wurde.

Um die „Ripper"-Hysterie nach dem Mord an Mary Kelly nicht unnötig anzustacheln und die eigenen Ermittlungen nicht zu behindern, gab die Polizei keine Informationen an die Presse weiter und gewährte Journalisten, anders als bisher, keinen Blick auf die Leiche. Daher sahen sich die Reporter gezwungen, auf den Straßen nach Informationen zu suchen. So entstand beispielsweise folgender Artikel, der am 10. November in *The Times* erschien:

„Eine Mrs Paumier, eine junge Frau, die Kastanien an der Ecke der Widcoate-street verkauft, einer engen Durchgangsstraße etwa zwei Minuten Fußweg vom Tatort entfernt, erzählte einem Reporter eine Geschichte, die offenbar einen Anhaltspunkt für den Mord zu liefern scheint. Sie sagte, dass gegen 12 Uhr an dem Morgen [des 9. November, Anm. d. Autoren] *ein Mann, der wie ein Gentleman gekleidet war, zu ihr gekommen sei und gesagt habe: „Ich nehme an, Sie haben von dem Mord in der Dorset-Street gehört." Sie bejahte, woraufhin der Mann grinste und sagte: „Ich weiß mehr darüber als Sie." Er starrte ihr ins Gesicht und ging die Sandys Row hinunter, eine weitere schmale Durchgangsstraße, die die Widcoate-Street kreuzt. Als er ein Stück entfernt war, schaute er zurück, um zu sehen, ob sie ihn beobachtete, und dann verschwand er. Mrs Paumier sagte, der Mann habe einen schwarzen Schnurrbart gehabt, sei ungefähr 1,70 m groß gewesen und habe einen schwarzen Seidenhut, einen schwarzen Mantel und eine gesprenkelte Hose getragen. Er trug eine schwarze Tasche, die etwa 30x45 cm groß war. Mrs Paumier behauptete weiter, dass derselbe Mann drei junge Frauen, die sie kannte, Donnerstagnacht angesprochen hatte, sie flachsten mit ihm und fragten, was er in der Tasche*

habe, und er sagte: „Etwas, das die Damen nicht mögen.“ Eine der drei jungen Frauen, die sie nannte, Sarah Roney, ein etwa 20-jähriges Mädchen behauptet, dass sie mit zwei anderen Mädchen Donnerstagnacht in der Brushfield-street, in der Nähe der Dorset-Street, gewesen sei, als ein Mann mit einem hohen Hut und einem schwarzen Mantel, der eine schwarze Tasche getragen habe, auf sie zugekommen sei und gesagt habe: „Willst du mit mir kommen?“ Sie lehnte ab und fragte ihn, was er in der Tasche habe, und er sagte: „Etwas, das die Damen nicht mögen.“ Dann ging er weg.“[122]

Drei Tage nach dem Mord an Mary Kelly, am 12. November, fand die gerichtliche Untersuchung statt, diesmal in Shoreditch unter der Leitung des Coroners für den Bezirk North-Eastern Middlesex, Dr Roderick Macdonald. Dies sorgte für Unverständnis bei den Geschworenen, die zu Beginn der Verhandlung mit dem Coroner darüber diskutierten, warum die Untersuchung nicht in Whitechapel unter Coroner Baxter durchgeführt wurde. Macdonald wies darauf hin, dass Mary Kelly in einem Leichenschauhaus in Shoreditch liege, und dass dies in seinen Zuständigkeitsbereich falle.

Als Erstes wurde Joseph Barnett in den Zeugenstand gerufen. Aufgrund der Verstümmelungen war es ihm nur möglich gewesen, die Tote an ihren Augen und Ohren als Mary Kelly zu identifizieren. Er war der Einzige, der Angaben zu

Mary Kellys Leben machen konnte. Fast alles, was man über sie weiß, beruht auf dem, was sie ihm über sich erzählt hatte.

Mary Ann Cox berichtete von ihrer letzten Begegnung mit Mary Kelly und beschrieb den Mann, in dessen Begleitung sie gewesen war. Sarah Lewis berichtete von dem Mann, den sie gegen 2 Uhr 30 gegenüber von Miller's Court gesehen hatte. Konnte sie bei der Befragung durch die Polizei am Tag des Mordes noch keine Beschreibung abgeben, war sie jetzt in der Lage dazu:

„Es war ein stämmiger Mann, und er war nicht sehr groß. Der Hut war schwarz. Ich habe nicht auf seine Kleidung geachtet. Der Mann schaute zum Hof, er schien zu warten oder jemanden zu suchen. Weiter weg waren ein Mann und eine Frau, letztere betrunken. Es war niemand im Hof."[123]

Sarah Lewis erzählte auch von einer anderen Begegnung in der Nacht des Mordes mit einem Mann, der ihr bereits zwei Tage zuvor verdächtig erschienen war. Am Mittwochabend war sie mit einer Bekannten gegen 20 Uhr auf der Bethnal Green Road unterwegs gewesen, als sie von einem Mann mit einer glänzenden Ledertasche angesprochen worden waren. Er hatte sie aufgefordert, ihm in einen Eingang zu folgen, was Sarah Lewis verweigert hatte. Der Mann war zunächst ein Stück weitergegangen, dann aber zurückgekommen. Er hatte gesagt, er werde sie gut behandeln und gefragt: *„Wovor habt ihr Angst?*

Glaubt ihr, ich habe irgendetwas in der Tasche?“[124] Daraufhin hatten die Frauen die Flucht ergriffen. Sarah Lewis beschrieb den Mann als klein, blass, mit einem kleinen schwarzen Schnurrbart, etwa vierzig Jahre alt, bekleidet mit einem hohen, runden Hut, einem bräunlichen Mantel, einer kurzen schwarzen Jacke darunter und Hosen im Pfeffer-und-Salz-Muster. Die Tasche sei zwischen 15 cm und 23 cm lang gewesen. Als Sarah Lewis in der Nacht von Freitag auf Samstag auf dem Weg zu Miller's Court gewesen war, hatte sie gegen 2 Uhr 30 denselben Mann mit einer Frau in der Nähe des „Britannia“ Pubs auf der Commercial Street gesehen. Er hatte keinen Mantel getragen, aber die Tasche bei sich gehabt. Als sie an dem Paar vorbeigegangen war, hatte der Mann sie angesehen, aber Mrs Lewis konnte nicht sagen, ob er sie erkannt hatte.

Möglicherweise handelte es sich bei dem ersten Mann, den Sarah Lewis gesehen hatte, um George Hutchinson. Dieser war bisher als Zeuge noch gar nicht in Erscheinung getreten. Er meldete sich erst am Tag der Untersuchung gegen 18 Uhr in der Commercial Street Police Station, um von seiner Begegnung mit Mary Kelly in der Nacht des Mordes zu berichten. Inspector Abberline nahm seine Aussage selbst auf und hielt sie für sehr wichtig. Im Vergleich zur Polizeiaussage liest sich Hutchinsons Beschreibung des Mannes, der in Mary Kellys Begleitung gewesen war, in der Presse noch detaillierter:

„Der Mann war etwa 1,70 m groß und 34 oder 35 Jahre alt, mit dunkler Gesichtsfarbe und dunklem gezwirbeltem Schnurrbart. Er trug einen langen, dunklen, fellbesetzten Mantel, einen weißen Kragen mit einer schwarzen Krawatte, in der eine Hufeisennadel steckte. Er trug ein Paar dunkle Gamaschen mit hellen Knöpfen über geknöpften Stiefeln, und an seiner Weste hing eine massive Goldkette. Seine Uhrkette hatte ein großes Siegel, an dem ein roter Stein hing. Er hatte einen vollen Schnurrbart und buschige Augenbrauen. Er hatte keine Koteletten und sein Kinn war glattrasiert. Er sah wie ein Ausländer aus... Der Mann, den ich sah, sah nicht so aus, als würde er jemanden angreifen. Er trug ein kleines Päckchen in seiner Hand, etwa 20 cm lang, das mit einem Band umwickelt war. Er hielt es mit der linken Hand fest umklammert. Es sah so aus, als wäre es in einen dunklen amerikanischen Stoff gewickelt gewesen. In seiner rechten Hand, die er auf die Schulter der Frau gelegt hatte, trug er ein Paar braune Glacéhandschuhe. Eine Sache, die mir auffiel, war, dass er einen sehr weichen Gang hatte. Ich glaube, dass er in der Nachbarschaft lebt und ich glaubte, dass ich ihn am Sonntagmorgen in der Petticoat Lane sah, aber ich war mir nicht sicher.“[125]

Genauso unterschiedlich wie die Beschreibungen potenzieller Verdächtiger waren die Vermutungen über den tatsächlichen Todeszeitpunkt Mary Kellys. Dr Thomas Bond ging davon aus, dass sie zwischen 1 Uhr und 2 Uhr ermordet worden war, während Dr George Bagster Phillips den Todeszeitpunkt laut *The Times* zwischen 5 und 6 Uhr schätzte.[126] Beides passt nicht zu den Aussagen von Elizabeth Prater und Sarah Lewis, die zwischen 3 Uhr 30 und 4 Uhr den Schrei *„Oh, Mord!“* hörten.

Mrs Caroline Maxwell, Ehefrau von Henry Maxwell, dem stellvertretenden Leiter des Common Lodging House in der Dorset Street 14, behauptete in der Untersuchung zudem, sie habe Mary Kelly zwischen 8 Uhr und 8 Uhr 30 vor dem Eingang zu Miller's Court gesehen. Mrs Maxwell hatte sie gefragt: *„Was treibt dich denn so früh raus?“ „Oh, ich fühle mich so schlecht, Carrie“*, hatte Mary Kelly geantwortet. *„Ich hatte ein Glas Bier und habe es schon wieder ausgebrochen.“*[127] Dabei hatte sie auf Erbrochenes auf der Straße gedeutet. Caroline Maxwell war dann Richtung Bishopsgate gegangen, um eine Besorgung zu machen, und als sie gegen 8 Uhr 45 zurückgekommen war, hatte sie Mary mit einem Mann vor dem „Britannia“ Pub stehen sehen. Inspector Abberline erklärte, dass die Entfernung von Mrs Maxwells Standort zum „Britannia“ Pub etwa 23 Meter betragen habe. Der Coroner wies Mrs Maxwell darauf hin, dass ihre Angaben sich erheblich von den Aussagen anderer Zeugen unterschieden. Sie antwortete: *„Ich bin sicher, dass es die Verstorbene war. Ich bin bereit, es zu schwören.“*[128] Bereits bei der Befragung durch die Polizei, warum sie sicher sei, sich nicht im Tag geirrt zu haben, hatte sie laut *The Times* überzeugt geantwortet:

„„Weil ich zum Milchladen ging, um Milch zu holen, und ich schon lange nicht mehr dort gewesen war, und da sie [Mary Kelly, Anm. d. Autoren] *einen Schal trug, in dem ich sie schon lange nicht mehr gesehen hatte." Bei Nachforschungen in dem Milchladen, der von der Frau angegeben wurde, wurde ihre Aussage bestätigt, und der Schal wurde auch in Kellys Zimmer gefunden.*"[129]

Auch der Schneider Maurice Lewis wurde in der Presse zitiert. Er gab an, dass er Mary Kelly zweimal am Morgen des 9. November gesehen habe. Um 8 Uhr habe sie ihr Zimmer kurz verlassen und sei wieder hineingegangen. Um 10 Uhr habe er mit Freunden Kopf oder Zahl in „McCarthy's Court" gespielt. Danach seien sie ins „Britannia" Pub gegangen, wo Mary Kelly mit mehreren Leuten getrunken habe.

Um zu verhindern, dass die Presse den Fall ausschlachtete, wurde die Untersuchung innerhalb eines Tages abgeschlossen, ohne dass man im Detail auf die Verletzungen einging. Dies bewirkte einerseits, dass zwar mehr erfundene Geschichten abgedruckt wurden, andererseits aber längst nicht so umfangreich berichtet wurde wie nach der Nacht des Doppelmordes. Das Ausmaß entsprach eher der Berichterstattung nach dem Mord an Annie Chapman.

Der Mord an Mary Kelly veranlasste Königin Victoria, am 10. November ein Telegramm an ihren Premierminister Lord Salisbury zu verfassen:

„Dieser neue, grausame Mord zeigt die absolute Notwendigkeit für ein sehr entschlossenes Handeln. All diese Höfe müssen beleuchtet und unsere Ermittlungsbeamten besser werden. Sie sind nicht, wie sie sein sollten. Als der erste Mord geschah, haben Sie versprochen, sich mit ihren Kollegen zu beraten.“[130]

Salisbury antwortete, dass das Kabinett beschlossen habe, jeden eventuellen Komplizen des Täters zu begnadigen, der zur Aufklärung der Morde beitragen könne.

Am Montag, dem 19. November 1888 wurde Mary Kelly unter großer Anteilnahme beerdigt. Als ihr Sarg aus der St Leonard's Kirche in Shoreditch getragen wurde, warteten dort tausende trauernde Menschen. Mehrere hundert Menschen bildeten den Trauerzug zum römisch-katholischen Friedhof St Patrick's in Leyton. Auf dem Sarg befand sich ein Messingschild, auf dem stand: „Marie Jeanette Kelly, gestorben am 9. November 1888, Alter 25 Jahre.“

„The Illustrated Police News" vom 17. November 1888

THE ILLUSTRATED POLICE NEWS

LAW COURTS AND WEEKLY RECORD.

No. 1,293. SATURDAY, NOVEMBER 24, 1888. Price One Penny.

PORTRAIT SKETCHES OF SUPPOSED WHITECHAPEL MONSTER AND INCIDENTS IN THE CASE.

IS HE THE MURDERER?

AFTER!

ATTEMPTED MURDER AT PECKHAM.

FATAL FIGHT AT NOTTING-HILL.

THROWING OUT BOILING WATER.

SCENE AT AN IRISH EVICTION.

„The Illustrated Police News“ vom 24. November 1888

Ein Täterprofil

Am 10. November 1888, einen Tag nach dem Mord an Mary Kelly, verfasste Dr Thomas Bond einen Bericht an Assistant Commissioner Robert Anderson. Bereits im Oktober hatte dieser dem Polizeiarzt die Akten der bisherigen vier „kanonischen Morde" zur Verfügung gestellt, um eine Expertenmeinung über das mögliche anatomische Wissen des Mörders zu erhalten. Nach eingehendem Studium der Unterlagen und nachdem er selbst die Post-Mortem-Untersuchung an Mary Kelly durchgeführt hatte, erstellte Dr Thomas Bond in seinem Bericht ein Täterprofil des Whitechapel-Mörders:

„Ich möchte Ihnen mitteilen, dass ich die Aufzeichnungen über die 4 Whitechapel-Morde gelesen habe, und zwar

1. Buck's Row.

2. Hanbury Street.

3. Berner's Street.

4. Mitre Square.

Ich habe auch eine Post-Mortem-Untersuchung der verstümmelten Überreste einer Frau durchgeführt, die gestern in einem kleinen Raum in der Dorset Street gefunden wurde –

1. Alle fünf Morde wurden zweifellos von derselben Hand verübt. Bei den ersten vier Morden wurden die Kehlen offenbar von links nach rechts durchtrennt. Im letzten Fall ist es aufgrund der umfangreichen Verstümmelungen unmöglich zu sagen, in welcher Richtung der tödliche Schnitt gemacht wurde, aber arterielle Blutspritzer wurden an der Wand in der Nähe der Stelle gefunden, wo der Kopf der Frau gelegen haben muss.

2. Die Mordumstände führen mich zu der Annahme, dass die Frauen gelegen haben müssen, als sie ermordet wurden, und in jedem Fall wurde zuerst die Kehle durchgeschnitten.

3. Von den vier Morden, von denen ich nur die Aufzeichnungen gesehen habe, kann ich mir keine eindeutige Meinung über die Zeit bilden, die zwischen dem Mord und dem Auffinden der Leiche verstrichen ist.

In einem Fall, dem der Berner's Street, scheint die Entdeckung unmittelbar nach der Tat erfolgt zu sein – in Buck's Row, Hanbury Street und Mitre Square können höchstens drei oder vier Stunden vergangen sein. Im Fall Dorset Street lag der Körper zum Zeitpunkt meines Besuchs um 14 Uhr auf dem Bett, völlig nackt und verstümmelt, wie im beigefügten Bericht beschrieben.

Die Leichenstarre hatte eingesetzt, nahm aber im Verlauf der Untersuchung zu. Daher ist es schwierig, den genauen Todeszeitpunkt zu bestimmen, da die Zeitspanne zwischen 6 und 12 Stunden betragen kann, bevor die Leichenstarre einsetzt. Der Körper war um 14 Uhr verhältnismäßig kalt, und die Über-

reste einer kürzlich eingenommenen Mahlzeit befanden sich im Magen und verteilt in den Eingeweiden. Daher ist es ziemlich sicher, dass die Frau ungefähr 12 Stunden tot war, und die teilweise verdaute Nahrung deutet darauf hin, dass der Tod zwischen 3 und 4 Stunden nach der Mahlzeit eingetreten ist, sodass ein oder zwei Uhr morgens der wahrscheinliche Zeitpunkt des Mordes ist.

4. In allen Fällen sieht es so aus, als habe es keinen Kampf gegeben, und die Angriffe erfolgten wahrscheinlich so plötzlich und wurden aus einer solchen Position ausgeführt, dass die Frauen sich weder wehren noch schreien konnten. Im Fall der Dorset Street war die Ecke des Lakens rechts vom Kopf der Frau stark zerschnitten und blutgetränkt, was darauf hindeutet, dass das Gesicht zum Zeitpunkt des Angriffs mit dem Laken bedeckt gewesen sein könnte.

5. In den ersten vier Fällen muss der Mörder das Opfer von der rechten Seite aus angegriffen haben. Im Fall der Dorset Street muss er von vorne oder von links angegriffen haben, da zwischen der Wand und dem Teil des Bettes, auf dem die Frau lag, kein Platz für ihn gewesen wäre. Auch hier war das Blut an der rechten Seite der Frau heruntergeflossen und an die Wand gespritzt.

6. Der Mörder muss nicht unbedingt mit Blut bespritzt oder besudelt gewesen sein, aber seine Hände und Arme müssen davon bedeckt und Teile seiner Kleidung ganz sicher mit Blut verschmiert gewesen sein.

7. Die Verstümmelungen waren in allen Fällen, außer in der Berner's Street, von gleicher Art und zeigen deutlich, dass bei allen Morden die Verstümmelung das Ziel war.

8. In allen Fällen wurde die Verstümmelung von einer Person ausgeführt, die weder über wissenschaftliches noch anatomisches Wissen verfügte. Meiner Meinung nach besitzt er nicht einmal das technische Wissen eines Metzgers oder Pferdeschlachters oder einer Person, die daran gewöhnt ist, tote Tiere aufzuschneiden.

9. Die Waffe muss ein starkes Messer gewesen sein, mindestens 15 cm lang, sehr scharf, spitz zulaufend und ungefähr 2,5 cm breit. Es kann ein Klappmesser, ein Fleischermesser oder das Messer eines Chirurgen sein. Ich denke, es war zweifellos ein gerades Messer.

10. Der Mörder muss ein Mann mit Körperkraft gewesen sein, eiskalt und dreist. Es gibt keinen Beweis dafür, dass er einen Komplizen hatte. Meiner Meinung nach muss es sich um einen Mann mit regelmäßig wiederkehrenden Attacken von mörderischem und erotischem Wahn handeln. Die Art der Verstümmelungen zeigen, dass sich der Mann in einem sexuellen Zustand befindet, der als Satyriasis bezeichnet werden kann. Es ist natürlich möglich, dass sich der mörderische Impuls aus einem rachsüchtigen oder grüblerischen Gemütszustand entwickelt hat, oder dass religiöser Wahn die ursprüngliche Krankheit war, aber ich glaube, keine dieser Hypothesen ist wahrscheinlich. In seiner äußeren Erscheinung ist der Mörder höchstwahrscheinlich ein ruhiger, harmlos aussehender Mann, vermutlich mittleren Alters und ordentlich und anständig gekleidet. Ich denke, er trägt gewohnheitsmäßig einen Umhang oder Mantel, sonst wäre er auf der Straße kaum unbemerkt geblieben, wenn das Blut an seinen Händen oder Kleidern sichtbar gewesen wäre.

11. Angenommen, der Mörder ist eine Person, wie ich sie soeben beschrieben habe, er wäre wahrscheinlich ein Einzelgänger und exzentrisch in seinen Gewohnheiten, auch ist er höchstwahrscheinlich ein Mann ohne geregelte Beschäftigung, aber mit einem kleinen Einkommen oder einer Rente. Er lebt vermutlich unter anständigen Leuten, die seinen Charakter und seine Gewohnheiten kennen und Grund zu der Vermutung haben, dass er manchmal nicht ganz richtig im Kopf ist. Solche Personen wären wahrscheinlich nicht bereit, ihren Verdacht gegenüber der Polizei zu äußern aus Angst vor Ärger oder einem schlechten Ruf, wohingegen die Aussicht auf eine Belohnung ihre Skrupel überwinden könnte.

Ich verbleibe, sehr geehrter Herr

Hochachtungsvoll,

Thos. Bond.“[131]

Nachwort

In den Wochen nach dem Mord an Mary Kelly wurde die Zahl der Beamten in Zivil in Whitechapel von 89 auf 143 erhöht, und diese Männer patrouillierten nach Einbruch der Dunkelheit in den Straßen. Doch die Mordserie schien vorbei zu sein. Nach und nach kehrte das East End zur Normalität zurück und der alltägliche Kampf ums Überleben nahm die Menschen voll in Anspruch. Auch das Interesse der Presse ließ nach. Die Aufmerksamkeit, die die Gegend und die dortigen Lebensumstände durch die Morde erhalten hatte, sorgte allerdings dafür, dass Vorschläge von Sozialreformern wie Dr Barnardo, Reverend Samuel Barnett oder auch William Booth, der in Whitechapel die Heilsarmee gegründet hatte, endlich Gehör fanden.

Die polizeilichen Ermittlungen führten zu mehreren Verhaftungen, doch die Verdächtigen erwiesen sich als unschuldig. Auch nach dem Mord an Mary Kelly gab es Trittbrettfahrer aus ganz London, die sich als „Jack the Ripper" ausgaben, aber dies erregte bei Weitem nicht mehr die gleiche Aufmerksamkeit wie nach dem Doppelmord. Der neue Metropolitan Police Commissioner James Monro fasste in seinem Jahresabschlussbericht an das Parlament zusammen:

„Die Anzahl der Verbrechen in diesem Jahr hatte eine steigende Tendenz. Diese Tatsache könnte zu einem gewissen

Maße auf die Umstände zurückgeführt werden, die die Polizeiführung während einzelner Abschnitte des Jahres beeinflusst haben. Die Unruhen rund um den Trafalgar Square und die Morde in Whitechapel machten es erforderlich, dass ein Großteil der Polizei seine Aufmerksamkeit auf gewisse Gegenden konzentrieren musste [...] und die übliche Anzahl der Beamten in anderen Bezirken kleiner war.“[132]

Im Laufe der Zeit lösten sich die Amateurpatrouillen in Zivil auf. Im Januar 1889 reduzierte James Monro die Zahl der Beamten in Zivil von 143 auf 102 und im Februar auf 47. Danach wurden sie ganz abgeschafft. Briefe, in denen Menschen ihre Mitbürger als Täter verdächtigten, gingen weiterhin bei der Polizei ein. Die Verfolgung dieser Spuren war nie erfolgreich.

John Littlechild (1893)

Die im Oktober 1888 eingegangenen und mit „Jack the Ripper“ unterzeichneten Briefe wurden von der Polizei sehr schnell als Fälschungen angesehen. Obwohl bereits frühzeitig der Verdacht bestand, dass die Briefe aus der Presse selbst stammten, um die Auflagen zu erhöhen, sollte sich diese Vermutung erst im Jahr 1913 durch den pensionierten Detective Chief Inspector John George Littlechild verdichten.

Littlechild, der zum Zeitpunkt der Morde Leiter der Special Branch der Metropolitan Police war, schrieb einen Brief an den Journalisten George Sims. Darin machte er einen Reporter namens Tom Bulling (im Brief „Bullen“ genannt) für die „Ripper“-Briefe und damit auch für den Namen „Jack the Ripper“ verantwortlich. Er fügte allerdings hinzu, dass auch dessen Vorgesetzter Charles Moore von der Central News Agency die Idee gehabt haben könne.[133]

Journalist George Robert Sims (ca. 1910)

Bis die Akte der Whitechapel-Morde geschlossen wurde, sollten ihr noch vier weitere ungelöste Mordfälle hinzugefügt werden:

1. Am Donnerstag, dem 20. Dezember 1888 wurde Rose (eigentlich Catherine) Mylett im Clarke's Yard auf der Poplar High Street zwischen den Hausnummern 184 und 186 ermordet aufgefunden.
2. Die ermordete Alice McKenzie fand man am Mittwoch, dem 17. Juli 1889 in der Castle Alley in Whitechapel.

3. Am Dienstag, dem 10. September 1889 wurde ein weiblicher Torso unter einer Eisenbahnunterführung in der Pinchin Street (nahe der Back Church Lane) in Whitechapel gefunden.
4. Der letzte Fall in der Akte ist der Mord an Frances Coles am Freitag, dem 13. Februar 1891 in Swallow Gardens, ebenfalls unter einer Eisenbahnunterführung in Whitechapel.

Besonders die Morde an Alice McKenzie und an Frances Coles ließen die beunruhigende Vermutung aufkommen, dass der Mörder zurückgekehrt war. Doch diese Verbrechen werden nicht als das Werk des Whitechapel-Mörders angesehen. Der Täter wurde niemals gefasst.

„Une rue de Whitechapel – Le dernier crime de Jack l'Éventreur" von Ernest Clair-Guyot, erschienen im *„Supplément littéraire illustré du Petit Parisien"*, 22. Februar 1891

Im Februar 1894 erschienen in *The Sun* mehrere Berichte, in denen ein Mann namens Thomas Cutbush als Verdächtiger genannt wurde. Daraufhin verfasste Melville Macnaghten, seit 1890 Chief Constable der Metropolitan Police, am 23. Februar 1894 einen internen Bericht. Dieser schloss nicht nur Cutbush als möglichen Täter aus, sondern gab einen generellen Überblick über die Whitechapel-Morde und ist seitdem eines der am meisten zitierten Dokumente, die es von Scotland Yard darüber gibt.

Sir Melville Macnaghten

Macnaghten erklärt darin, dass von den elf Fällen fünf dem Whitechapel-Mörder zugeordnet werden, diejenigen, die heute als die „kanonischen Fünf“ bezeichnet werden. Darüber hinaus benennt er drei Männer, die aus seiner Sicht verdächtig waren. Allerdings muss man anmerken, dass viele der Informationen, die Macnaghten über die drei Verdächtigen gibt, nicht korrekt sind.

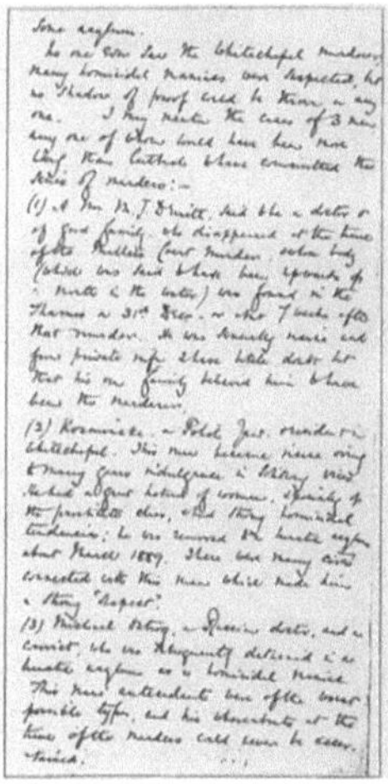

Das Macnaghten Memorandum

Der erste war Montague John Druitt, ein am 14. August 1857 in Dorset geborener Rechtsanwalt, der nebenberuflich als stellvertretender Schulleiter an einer Schule in Blackheath angestellt war. Dort wurde er Ende 1888 entlassen. Kurz darauf beging er Selbstmord. Seine Leiche wurde am 31. Dezember 1888 bei Chiswick in der Themse treibend gefunden. Er war ertrunken.

Montague John Druitt

Einige Historiker gehen davon aus, dass Druitt homosexuell war und deswegen aus dem Schuldienst entlassen wurde, was ihn in den Selbstmord trieb. Allerdings waren sowohl seine Mutter als auch seine Großmutter psychisch krank gewesen, und es herrscht zum Teil die Annahme, dass sich auch bei ihm Anzeichen davon äußerten und dies zu seiner Entlassung und zum Selbstmord führte.

Macnaghten nannte ihn wohl als Verdächtigen, da er kurz nach dem Mord an Mary Kelly (9. November 1888) Suizid beging. Macnaghten beschreibt den Rechtsanwalt jedoch als Arzt und gibt sein Alter in einer anderen Quelle mit 41 Jahren an. Unabhängig von dem Zeitpunkt des Selbstmordes gibt es keine Verbindungen zwischen Druitt und den Verbrechen. Am 1. September 1888 beispielsweise, dem Morgen nach dem Mord an „Polly“ Nichols, war Druitt in Dorset und spielte Cricket. Außerdem scheint es recht wahrscheinlich, dass der Mörder aus Whitechapel stammte und sich dort auskannte, was beides auf Druitt nicht zutraf. Auch Inspector Abberline äußerte Zweifel daran, jemanden als ernsthaften Verdächtigen zu benennen, nur weil der Zeitpunkt seines Selbstmordes kurz nach dem letzten kanonischen Mord lag.

Der zweite Verdächtige auf der Liste war Aaron Kosminski (geboren am 11. September 1865 als Aron Mordke Kozminski), ein mittelloser polnischer Jude, der 1891 in die Irrenanstalt Colney Hatch eingewiesen wurde. Nicht nur Chief Constable Macnagthen benennt Kosminski als Verdächtigen. Sir Robert Anderson hatte in seinen Memoiren geschrieben, dass ein polnischer Jude von einem Zeugen als Whitechapel-Mörder identifiziert worden war. Er wurde aber nicht angeklagt, da der Zeuge ebenfalls Jude war und sich weigerte, gegen einen anderen Juden auszusagen. Anderson nannte den Verdächtigen nicht beim Namen, allerdings notierte Chief Inspector Donald Swanson den Namen „Kosminski“ handschriftlich in

Donald Sutherland Swanson

seiner persönlichen Ausgabe von Sir Robert Andersons Memoiren. Bis heute ist diese Theorie unter Historikern umstritten. Macnaghten schrieb in seinem Memorandum, dass niemand den Whitechapel-Mörder je identifiziert habe.

„A Suspicious Character" aus „Illustrated London News" vom 13. Oktober 1888. Das Bild wird oft als beispielhafte Darstellung von Kosminski genutzt.

Über Kosminski weiß man, dass er in Whitechapel lebte und in der Irrenanstalt recht harmlos wirkte. Er glaubte, Stimmen zu hören, hatte Angst davor, Nahrung von anderen

Leuten anzunehmen und weigerte sich, sich zu waschen. Aaron Kosminski starb am 24. März 1919.

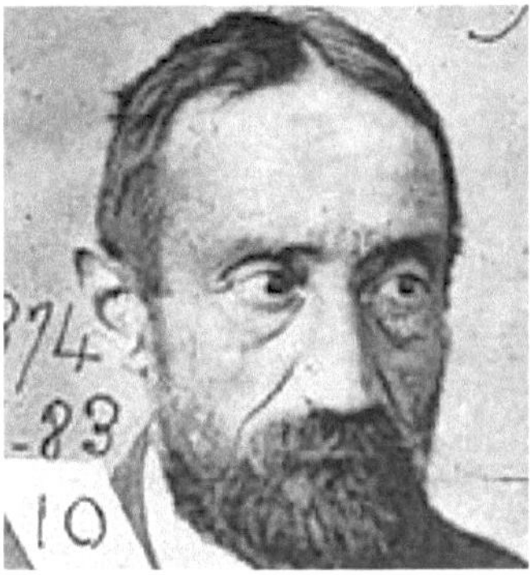

Michael Ostrog

Der dritte Verdächtige in Mcnaghtens Memorandum war Michael Ostrog, ein Betrüger, der 1833 in Russland geboren worden war. Er benutzte mehrere Decknamen und Verkleidungen und gab unter anderem an, dass er einmal Arzt bei der russischen Marine gewesen sei.

Michael Ostrog

Warum Macnaghten ihn verdächtigte, ist unklar, da Ostrog nie schwerere Verbrechen als Betrug und Diebstahl zur Last gelegt wurden. Der Autor Philip Sugden entdeckte darüber hinaus Gefängnisunterlagen aus Frankreich, die einwandfrei belegen, dass Ostrog im Zeitraum 1888-1889, also während der Whitechapel-Morde, dort im Gefängnis einsaß. Das letzte Mal hörte man von Ostrog 1904. Es wird vermutet, dass er kurz danach starb, aber man weiß nicht wann, wo und unter welchen Umständen.

Über Macnaghtens Memorandum[134] hinaus gab es zumindest noch zwei weitere Männer, die in den Jahren nach der Mordserie von beteiligten Polizisten als mögliche Täter angeführt wurden.

1913 nannte Chief Inspector John Littlechild in seinem Brief an George R. Sims den Quacksalber Francis Tumblety als Verdächtigen. Tumblety war wahrscheinlich 1833 geboren worden und hatte ein kleines Vermögen als *„indianischer Kräuterdoktor“*[135] in den USA und Kanada gemacht. Er war für seinen Hass gegen Frauen bekannt. Als er für den Tod eines seiner Patienten verantwortlich gemacht wurde, flüchtete er vor der strafrechtlichen Verfolgung.

Francis Tumblety

1865 wurde Tumblety verhaftet, da er an der Ermordung Abraham Lincolns beteiligt gewesen sein soll, wurde jedoch ohne Verurteilung wieder freigelassen. 1888 war Tumblety in England und wurde am 7. November wegen homosexueller Handlungen verhaftet. Bevor er angeklagt werden konnte, flüchtete er nach Frankreich und von da aus zurück in die Vereinigten Staaten.

Aufgrund seiner kriminellen Vorgeschichte wurde seine Verhaftung in England von amerikanischen Zeitungen mit den

Francis Tumblety

Whitechapel-Morden in Verbindung gebracht. Sie berichteten, dass er an Scotland Yard ausgeliefert werden sollte, was jedoch von der britischen Polizei dementiert wurde. Die New Yorker Polizei gab eine Stellungnahme heraus, *„dass es keinen Beweis für seine Beteiligung an den Whitechapel Morden gibt, und dass das Verbrechen, wofür er in London angeklagt wurde, kein Grund zur Auslieferung ist.“*[136] Tumblety starb 1903 in St Louis an einer Herzkrankheit.

Seweryn Kłosowski

Als weiterer Verdächtiger wurde Seweryn Antonowicz Kłosowski benannt, der am 14. Dezember 1865 in Polen geboren worden und zwischen 1887 und 1888 nach Großbritannien ausgewandert war. Während der Mordserie lebte und arbeitete er als Barbier in der Cable Street 126 in Whitechapel. Zwischen 1893 und 1894 nahm er den Namen „George Chapman“ an. Kłosowski wurde 1903 gehängt, nachdem er drei seiner Ehefrauen vergiftet hatte.

Laut mehrerer Bücher und Zeitungsartikel war Inspector Frederick Abberline nach Kłosowskis Verurteilung als Giftmörder davon überzeugt, dass er auch der Whitechapel-Mörder war. Es ist aber höchst unwahrscheinlich, dass jemand, der Giftmorde verübte, vorher einen komplett anderen Modus Operandi hatte.

Befürworter der Kłosowski-Theorie ziehen Parallelen zwischen den Whitechapel-Morden und dem ähnlichen Mord an Carrie Brown, die in der Nacht von Donnerstag, dem 23. April auf Freitag, den 24. April 1891 in New York umgebracht wurde. Kłosowski lebte zu der Zeit in der Nähe, in Jersey City, New Jersey.

Seweryn Kłosowski mit Bessie Taylor, einer der Ehefrauen, die er vergiftete

Eine Zusammenfassung über die Whitechapel-Morde aus den Reihen der Polizei stammt von Chief Inspector Henry Moore. Sie wurde am 16. November 1899 in *The Philadelphia Inquirer* abgedruckt:

„„Die Polizei“, sagte er, „wurde in ihrer Arbeit stark behindert. Es war beinahe unmöglich, so etwas wie eine verlässliche Aussage zu bekommen, während jeder Sonderling in England uns Postkarten sendete oder Nachrichten an Wände schmierte. Die Frauen, mit denen wir es zu tun hatten, erzählten uns für einen Schilling jede Geschichte, und es war unmöglich, ihnen in der hysterischen Angst, in die sie sich gesteigert hatten, zu glauben. Wenn wir jede Person hätten überwachen sollen, die uns als Jack the Ripper vorgeschlagen wurde, hätten wir jeden Soldaten aus der britischen Armee als Ermittler gebraucht. Im East End haben wir Ausländer aus allen Teilen der Welt und in ihrem Hass lügen sie, dass einem die Haare zu Berge stehen. Natürlich wollte jeder wissen, wer Jack the Ripper war. Nun, soweit es mich betrifft, war er ein wahnsinniger ausländischer Seemann, der an Bord eines Schiffes immer für kurze Zeiten nach London kam. Er beging die Verbrechen, ging dann wieder auf sein Schiff und erinnerte sich an nichts. Die Klasse der Frauen, aus denen die Opfer stammten, machte die Polizeiarbeit besonders schwierig. Ich stand einmal nahe dem Durchgang in der Pinchin Street in Whitechapel und merkte an, ‚Dies wäre genau der richtige Ort für Jack the Ripper‘ und natürlich wurde dort einige Monate

später ein Ripper-Opfer in einem Sack gefunden [Anm. d. Autoren: Der Torso in der Pinchin Street wurde nicht in einem Sack gefunden, sondern war mit einem alten Nachthemd bedeckt. Die Tat wird nicht mit dem Whitechapel-Mörder in Verbindung gebracht.]. *Jetzt, wo die Arbeit etwas ruhiger geworden ist, werde ich vielleicht eines Tages, bevor ich sterbe, das Glück haben, Jack the Ripper auf der Anklagebank des Old Bailey zu sehen. Es ist mein einziger Misserfolg bisher, aber ich bin nicht sicher, ob es einer bleibt.*“ “[137]

Warum beschäftigen die Whitechapel-Morde auch heute noch unzählige Menschen? Liegt es daran, dass man die Identität des Täters nicht kennt? Ist es die Grausamkeit seiner Taten? Liegt es an seinem plötzlichen Verschwinden nach dem Mord an Mary Kelly in Miller's Court?

Als die Leiche von Mary Ann Nichols am frühen Morgen des 31. August 1888 gefunden wurde, ahnte niemand, dass damit eines der größten Mysterien der Kriminalgeschichte begann. Der Name „Jack the Ripper“ wurde unsterblich und die Straßen von Whitechapel und Spitalfields wurden zum Sinnbild für das dunkle East End im 19. Jahrhundert. Die Mordserie gehört nach wie vor zu den faszinierendsten ungeklärten Kriminalfällen der Welt und immer noch sind „Ripperologen“ auf der Suche nach der Identität des Täters.

Cover des „Puck" Magazins vom 21. September 1889, Zeichnung von Tom Merry

Täglich kommen Touristen ins East End und begeben sich mit einer der vielen „Jack the Ripper“-Touren auf die Spuren des Mörders und der Frauen, die er ermordet hat. Die Tatorte haben sich aufgrund der stetigen Weiterentwicklung des East Ends inzwischen sehr verändert. Die Buck's Row, in der Mary Ann Nichols am 31. August 1888 getötet wurde, heißt heute Durward Street. Der Hofeingang zu „Brown's Stableyard“, vor dem sie von Charles Cross gefunden wurde, ist verschwunden, und heute liegt dort der Hinterausgang der U-Bahn-Station Whitechapel. Die Boarding School in der Durward Street überblickt den Tatort allerdings immer noch, wie sie es bereits 1888 tat.

Schule in der Durward Street (Foto: Philipp Röttgers)

Das Haus Hanbury Street 29, in dessen Hinterhof Annie Chapman aufgefunden wurde, fiel der Erweiterung der Truman Brewery zum Opfer. Auch der International Working Men's Educational Club und Dutfield's Yard, in dem Elizabeth Stride am 30. September 1888 von Louis Diemschutz gefunden wurde, existieren nicht mehr. Die Berner Street heißt heute Henriques Street, allerdings findet sich dort ein Graffito, das die Straße als „Elisabeth Stride Street" ausweist. Der Mitre Square, wo Catherine Eddowes in der Nacht des Doppelmordes gefunden wurde, existiert noch. Die Originalpflastersteine wurden entfernt, der Platz umgestaltet und zum Teil der Sir John Cass Primary School angegliedert. An einer Mauer erinnert eine Plakette an Catherine Eddowes.

Mitre Square (Foto: Philipp Röttgers)

Die Dorset Street und Miller's Court, wo Mary Kelly ermordet wurde, gibt es nicht mehr. Auf dem Gelände befinden sich heute Büro- und Geschäftsgebäude.

Die Gräber der Frauen findet man allerdings noch. Immer wieder legen Besucher dort Blumen nieder.

„Jack the Ripper" ist ein wesentlicher Bestandteil der Geschichte des Londoner East Ends. Das Mysterium wird am Leben erhalten, aber dadurch bleiben auch seine fünf Opfer in Erinnerung:

Mary Ann Nichols, Annie Chapman, Elizabeth Stride,
Catherine Eddowes und Mary Jane Kelly.

Auch wenn sich vieles verändert hat, gibt es immer noch Straßenzüge und Ecken im East End, an denen man Spuren von 1888 finden und die Atmosphäre von damals spüren kann.

So ist zum Beispiel das „Frying Pan“ Pub auf der Brick Lane, in dem Mary Ann Nichols kurz vor ihrer Ermordung gesehen wurde, jetzt das „Shaad Indian Restaurant“. Im Giebel kann man immer noch den alten Schriftzug des Pubs sowie das Symbol, die zwei Pfannen, erkennen.

Der Hauseingang in der Goulston Street, wo ein Stück von Catherine Eddowes‘ Schürze gefunden wurde, gehört heute zum „Happy Days“ Fish and Chips Restaurant, dessen Inneres mit Fotografien von Verdächtigen und Kopien der Kreidenachricht dekoriert ist.

Goulston Street (Foto: Dorothee Schröder)

Der wohl bekannteste noch heute existierende Ort, der mit dem Herbst des Schreckens zusammenhängt, ist das „Ten Bells“ Pub in der Commercial Street, das mehrere der Opfer regelmäßig besucht haben sollen. Schräg gegenüber zweigte die Dorset Street ab, in der Annie Chapman und Mary Kelly wohnten. Das Pub ist immer noch in Betrieb und ein beliebter Treffpunkt in Spitalfields.

The Ten Bells (Foto: Philipp Röttgers)

Daneben gibt es noch viele weitere Plätze im East End, die mit dem Herbst des Schreckens in Verbindung stehen. Alle Tatorte und relevanten Schauplätze kann man mit unserer „Jack the Ripper“-Tour erkunden, die zum Download auf unserer Homepage www.london-beyond-time-and-place.com erhältlich ist.

Literatur

Begg, Paul (2004): *Jack the Ripper. The facts*. London: Robson Books.

Booth, Charles (1889*): Life and Labour of the People in London.*

Brown, Howard and Neil Bell: *The Goulston Street Graffito Debate* on Jack the Ripper: Casebook: https://www.casebook.org/dissertations/rip-gsgdebate.html

„Casebook – Jack the Ripper": https://www.casebook.org/

Charnick, David (2016): *The Dark Side of East London.* London: Pen & Sword.

Charnick, David (2019): *The East End's Disappearing Shadows*. Footprints of London Blog: https://footprintsoflondon.com/live/2019/02/the-east-ends-disappearing-shadows/

Evans, Stewart P. and Donald Rumbelow (2006): *Jack the Ripper. Scotland Yard investigates.* Stroud: Sutton.

„Jack the Ripper Tour": https://www.jack-the-ripper-tour.com/

Jones, Richard (2005): *Walking Dickensian London.* Interlink Books.

Jones, Richard (2008): *Jack the Ripper. The casebook.* London: Andre Deutsch.

Jones, Richard (2009): *Walking Haunted London.* IMM Lifestyle Books.

Jones, Richard (2018): *The London of Jack the Ripper.* https://www.jack-the-ripper-tour.com/jack-the-ripper-ebook/

Jones, Richard & Adam Wood (2020): *Edgar's Walking Guides. No. 1: Jack the Ripper.* Edgar's Guides Ltd.

„Jtrforums.com": https://www.jtrforums.com/

Macnaghten, Sir Melville (1914): *Days of My Years.* https://www.casebook.org/ripper_media/rps.daysofmyyears.html

Mearns, Andrew (1883): *The Bitter Cry of Outcast London: An Inquiry into the Condition of the Abject Poor*: https://www.gutenberg.org/cache/epub/55316/pg55316-images.html

Morley, Christopher J. (2005): *Jack the Ripper: A Suspect Guide.* https://www.casebook.org/ripper_media/book_reviews/non-fiction/cjmorley/index.html

„The Proceedings of the Old Bailey. London's Central Criminal Court 1674 to 1913": https://www.oldbaileyonline.org/

Püstow, Hendrik und Thomas Schachner (2017): *Jack the Ripper – Anatomie einer Legende.* Militzke.

Röttgers, Philipp (2019): *London and its genius loci – A journey beyond time and place.* Büchner-Verlag, Marburg.

Sims, George R. (1889): *How the Poor Live, and Horrible London.* https://www.gutenberg.org/files/49853/49853-h/49853-h.htm

Stubley, Peter (2012): *1888. London Murders in the Year of the Ripper.* The History Press.

Endnoten

[1] *East London Advertiser,* 6. Oktober 1888 https://www.casebook.org/press_reports/east_london_advertiser/ela881006.html

[2] Sims, *How the Poor Live,* Kapitel 1

[3] Zahlen aus *The London of Jack the Ripper*

[4] Zahlen aus *1888. London Murders in the Year of the Ripper*

[5] Booth, *London Labour*, Vol. I, part 3, S. 543

[6] Mearns, *The Bitter Outcry of Outcast London,* S. 7 ff.

[7] Zahlen aus *The London of Jack the Ripper*

[8] Zahlen u.a. aus *1888. London Murders in the Year of the Ripper*

[9] *I Caught Crippen,* zitiert in *1888. London Murders in the Year of the Ripper,* S. 71

[10] Bericht über die Anzahl der Prostituierten aus dem „Report of the Commissioner of Police of the Metropolis of the Year 1888", zitiert in *The London of Jack the Ripper,* S. 13

[11] Zahlen aus *1888. London Murders in the Year of the Ripper*

[12] u.a. in *The Facts*, S. 27

[13] Einzelheiten der Untersuchung auf https://www.casebook.org/official_documents/inquests/inquest_smith.html

[14] Zahlen im gesamten Kapitel aus *1888. London Murders in the Year of the Ripper*

[15] *East London Advertiser,* 18. August 1888
https://www.casebook.org/press_reports/east_london_advertiser/ela880818.html
[16] MEPO 3/140, ff. 36-42
[17] Einzelheiten der Untersuchung auf
https://www.casebook.org/official_documents/inquests/inquest_tabram.html
[18] Vgl. Ibid.
[19] Ibid.
[20] u.a. in *The Facts*, S. 47
[21] u.a. auf Casebook: Jack the Ripper:
https://www.casebook.org/victims/polly.html
[22] *The Times,* 18. September 1888:
https://www.casebook.org/press_reports/times/18880918.html
[23] u.a. in *The Facts*, S. 54
[24] u.a. auf Casebook: Jack the Ripper:
https://www.casebook.org/victims/polly.html
[25] u.a. in *The Times*, 1. September 1888:
https://www.casebook.org/press_reports/times/18880901.html
[26] u.a. in *The Facts,* S. 43
[27] *I Caught Crippen*, zitiert in *The London of Jack the Ripper*, S. 49
[28] *The Times*, 3. September 1888:
https://www.casebook.org/press_reports/times/18880903.html

[29] Vgl. *The Times*, 4. September 1888: https://www.casebook.org/press_reports/times/18880904.html

[30] *I Caught Crippen*, zitiert in *The London of Jack the Ripper*, S. 51

[31] *The Star*, 5. September 1888: https://www.casebook.org/press_reports/star/s880905.html

[32] *The Daily Telegraph*, 21. September 1888: https://www.casebook.org/press_reports/daily_telegraph/dt880921.html

[33] *The Times*, 24. September 1888: https://www.casebook.org/press_reports/times/18880924.html

[34] u.a. in *The Facts,* S. 76

[35] *The London of Jack the Ripper,* S. 82

[36] Ibid.

[37] Ibid.

[38] *The London of Jack the Ripper,* S. 83

[39] *The Star*, 8. September 1888: https://www.casebook.org/press_reports/star/s880908.html

[40] *Lloyds Weekly Newspaper*, 9. September 1888: https://www.casebook.org/press_reports/lloyds_weekly_news/18880909.html

[41] Vgl. Ibid.; *The Times*, 10. September 1888: https://www.casebook.org/press_reports/times/18880910.html

[42] *The Star*, 8. September 1888: https://www.casebook.org/press_reports/star/s880908.html

[43] *The Echo*, 14. September 1888:
https://www.casebook.org/press_reports/echo/18880914.html
[44] Vgl. *St James Gazette*, 16. November 1888:
https://www.casebook.org/press_reports/st._james_gazette/881116.html
[45] Zitiert in *The London of Jack the Ripper,* S. 48
[46] *Jack the Ripper: A Suspect Guide* auf Casebook: Jack the Ripper:
https://www.casebook.org/ripper_media/book_reviews/non-fiction/cjmorley/93.html
[47] The Times, 27. September 1888:
https://www.casebook.org/press_reports/times/18880927.html
[48] *Jack the Ripper: A Suspect Guide* auf Casebook: Jack the Ripper:
https://www.casebook.org/ripper_media/book_reviews/non-fiction/cjmorley/152.html
[49] *The London of Jack the Ripper,* S. 104
[50] Ibid.
[51] Ibid.
[52] Ibid.
[53] Ibid.
[54] Ibid.
[55] Einzelheiten der Untersuchung auf
https://www.casebook.org/official_documents/inquests/inquest_chapman.html

[56] Vgl. *The Daily News,* 11. September 1888: https://www.casebook.org/press_reports/daily_news/18880911.html

[57] Vgl. *The Daily Telegraph,* 10. September 1888: https://www.casebook.org/press_reports/daily_telegraph/dt880910.html

[58] Vgl. *The Star*, 24. September 1888: https://www.casebook.org/press_reports/star/s880924.html

[59] *The Illustrated Police News*, 22. September 1888: https://www.casebook.org/press_reports/illustrated_police_news/il880922.html

[60] *The Times*, 19. September 1888: https://www.casebook.org/press_reports/times/18880919.html

[61] *The Star*, 24. September 1888: https://www.casebook.org/press_reports/star/s880924.html

[62] Einzelheiten der Untersuchung auf https://www.casebook.org/official_documents/inquests/inquest_chapman.html

[63] *Days of My Years* auf Casebook: Jack the Ripper: https://www.casebook.org/ripper_media/rps.daysofmyyears.html

[64] u.a. in *The Facts*, S. 174

[65] *The London of Jack the Ripper,* S. 129

[66] *The Illustrated Police News*, 6. Oktober 1888: https://www.casebook.org/press_reports/illustrated_police_news/il881006.html

[67] *The Goulston Street Graffito Debate* by Howard Brown and Neil Bell on Jack the Ripper: Casebook: https://www.casebook.org/dissertations/rip-gsgdebate.html

[68] Ibid.

[69] Ibid.

[70] *The Facts*, S. 139

[71] *Evening News*, 1. Oktober 1888: https://www.casebook.org/press_reports/evening_news/18881001.html

[72] u.a. auf Casebook: Jack the Ripper: https://www.casebook.org/victims/stride.html

[73] U.a. in *The Facts,* S. 153

[74] U.a. in *The Facts,* S. 154

[75] Vgl. *The Facts*, S. 156

[76] Einzelheiten der Untersuchung auf https://www.casebook.org/official_documents/inquests/inquest_stride.html

[77] Ibid.

[78] Ibid.

[79] Ibid.

[80] Ibid.

[81] Ibid.

[82] Ibid.

[83] Ibid.

[84] Ibid.

[85] Ibid.
[86] Ibid.
[87] Ibid.
[88] Wissenschaftler, deren Aufgabe es ist, die Sicherheit und korrekte Beschreibung von Lebensmitteln durch Tests auf Einhaltung der Rechtsvorschriften zu gewährleisten.
[89] u.a. auf Casebook: Jack the Ripper: https://www.casebook.org/victims/eddowes.html
[90] Gesamte Konversation: Ibid.
[91] u.a. in *The Facts*, S. 172
[92] *Police Gazette,* 19. Oktober 1888: https://www.casebook.org/press_reports/police_gazette/police881019.html
[93] *The Star,* 1. Oktober 1888: https://www.casebook.org/press_reports/star/s881001.html
[94] *I Caught Crippen,* zitiert in *1888. London Murders in the Year of the Ripper,* S. 163
[95] u.a. in *The Facts*, S. 174
[96] Einzelheiten der Untersuchung auf https://www.casebook.org/official_documents/inquests/inquest_eddowes.html
[97] u.a. auf Casebook: Jack the Ripper: https://www.casebook.org/ripper_letters/
[98] *The Times,* 1. Oktober 1888: https://www.casebook.org/press_reports/times/18881001.html

[99] Ibid.
[100] Zitiert in *1888. London Murders in the Year of the Ripper,* S. 135
[101] u.a. auf Casebook: Jack the Ripper: https://www.casebook.org/ripper_letters/
[102] Vgl. *Richard Mansfield – Ripper Suspect* auf Jack the Ripper Tour: https://www.jack-the-ripper-tour.com/generalnews/richard-mansfield-ripper-suspect/
[103] Vgl. https://www.oldbaileyonline.org/, Referenznummer t18881119-64.
[104] *The Times*, 9. Oktober 1888: https://www.casebook.org/press_reports/times/18881009.html
[105] u.a. auf Casebook: Jack the Ripper: https://www.casebook.org/ripper_letters/
[106] *I Caught Crippen,* zitiert in *1888. London Murders in the Year of the Ripper,* S. 165
[107] u.a. in *The Facts*, S. 279
[108] Wiedergegeben in der Untersuchung: https://www.casebook.org/official_documents/inquests/inquest_kelly.html
[109] Text von Kellys Lied auf Casebook: Jack the Ripper: https://www.casebook.org/victims/mary_jane_kelly.violets.html
[110] u.a. in *The Facts*, S. 283
[111] Ibid.

[112] u.a. auf Casebook: Jack the Ripper:
https://wiki.casebook.org/george_hutchinson.html#cite_note-2

[113] u.a. auf Casebook: Jack the Ripper:
https://www.casebook.org/victims/mary_jane_kelly.html

[114] Einzelheiten der Untersuchung auf
https://www.casebook.org/official_documents/inquests/inquest_kelly.html

[115] Der Lord Mayor der City of London wird jedes Jahr Ende September oder Anfang Oktober neu gewählt. Einen Tag nach der Amtsübernahme wird die *Lord Mayor's Show* durchgeführt, eine der bekanntesten jährlichen Veranstaltungen in London und eine der ältesten, die bis ins 13. Jahrhundert zurückreicht.

[116] *I Caught Crippen*, zitiert in *The London of Jack the Ripper*, S. 187

[117] Ibid.

[118] Ibid.

[119] *The London of Jack the Ripper,* S. 189

[120] u.a. auf Casebook: Jack the Ripper:
https://www.casebook.org/victims/mary_jane_kelly.html

[121] *The Times*, 10. November 1888:
https://www.casebook.org/press_reports/times/18881110.html

[122] Ibid.

[123] Einzelheiten der Untersuchung auf
https://www.casebook.org/official_documents/inquests/inquest_kelly.html

[124] Ibid.

[125] *The Daily News*, 14. November 1888: https://www.casebook.org/press_reports/daily_news/18881114.html

[126] Vgl. *The Times*, 12. November 1888: https://www.casebook.org/press_reports/times/18881112.html

[127] Einzelheiten der Untersuchung auf https://www.casebook.org/official_documents/inquests/inquest_kelly.html

[128] Ibid.

[129] *The Times*, 12. November 1888: https://www.casebook.org/press_reports/times/18881112.html

[130] Zitiert in *1888. London Murders in the Year of the Ripper,* S. 167

[131] HO 144/221/A49301C, ff. 220-223

[132] Zitiert in *1888. London Murders in the Year of the Ripper,* S. 85

[133] Vgl. *The Littlechild Letter* auf Casebook: Jack the Ripper: https://www.casebook.org/official_documents/lcletter.html

[134] Vgl. *The Macnaghten Memoranda* auf Casebook: Jack the Ripper: https://www.casebook.org/official_documents/memo.html

[135] u.a. in *The Facts*, S. 242

[136] *Francis Tumblety (1833-1903) a.k.a. J.H. Blackburn, Frank Townsend* auf https://www.casebook.org/suspects/tumblety.html

[137] *The Philadelphia Inquirer*, 16 November 1899, zitiert auf https://www.jtrforums.com/forum/victorian-age-s-finest/5002-inspector-moore-s-opinion#post48380

Register

LONDON BEYOND TIME AND PLACE

Philipp Röttgers (M.A.) ist Schriftsteller und Historiker, fühlt sich mit keinem anderen Ort so verbunden wie mit London und ist mit LONDON BEYOND TIME AND PLACE auf der ständigen Suche nach dem „spirit" der Stadt. Philipp hat „English Literatures and Cultures" und „Germanistik, Vergleichende Literatur- und Kulturwissenschaft" an der Universität Bonn studiert und ist Autor mehrerer Bücher. Außerdem ist er Schlagzeuger der Rockband PARIAHLORD.

Dorothee Schröder (M.A.) hat Germanistik und Anglistik studiert. Sie liebt Großbritannien und ist besonders gern in London unterwegs, wo sie abseits der Touristenrouten die Stadt erkundet. Als Autorin und Übersetzerin ist sie Teil des Teams von LONDON BEYOND TIME AND PLACE.

Katharina Röttgers studiert Mediendesign und ist begeisterte Fotografin. Bei LONDON BEYOND TIME AND PLACE ist sie für Fotos, Videos und Grafikdesign verantwortlich. Kate arbeitet auch mit der Band PARIAHLORD zusammen und war u.a. für die künstlerische Gestaltung des Musikvideos „Dead Man's Hand", das Single-Cover und Merchandise-Design verantwortlich.

Auf **LONDON BEYOND TIME AND PLACE** gibt es Geschichten rund um die Hauptstadt, Stadtführer durch die bekannten und weniger bekannten Viertel Londons und eine Interviewreihe mit AutorInnen, MusikerInnen, ReiseleiterInnen, HistorikerInnen und KünstlerInnen, die sich alle mit der Stadt verbunden fühlen und von ihr inspiriert werden.